红地毯

我为明星做经纪人

徐建军 编著

中国广播电视出版社
CHINA RADIO & TELEVISION PUBLISHING HOUSE

图书在版编目（CIP）数据

红地毯：我为明星做经纪人／徐建军编著.—北京：中国广播电视出版社，2008.6

ISBN 978-7-5043-5549-2

Ⅰ.红… Ⅱ.徐… Ⅲ.文化－市场－经纪人－基本知识 Ⅳ.G114

中国版本图书馆CIP数据核字（2008）第005425号

红地毯　我为明星做经纪人
徐建军　编著

责任编辑　王萱
封面设计　何勇　张俊峰

出版发行　中国广播电视出版社
电　　话　010-86093580　010-86093583
社　　址　北京市西城区真武庙二条9号
邮　　编　100045
网　　址　www.crtp.com.cn
电子信箱　crtp8@sina.com

经　　销　全国各地新华书店
印　　刷　北京地大彩印厂

开　　本　787毫米×1092毫米　1/16
字　　数　220(千)字
印　　张　12
版　　次　2008年6月第1版　2008年6月第1次印刷
印　　数　5000册

书　　号　ISBN 978-7-5043-5549-2
定　　价　32.00元

做个优秀的演艺经纪人

不仅仅献给那些希望为明星做经纪人的朋友们……

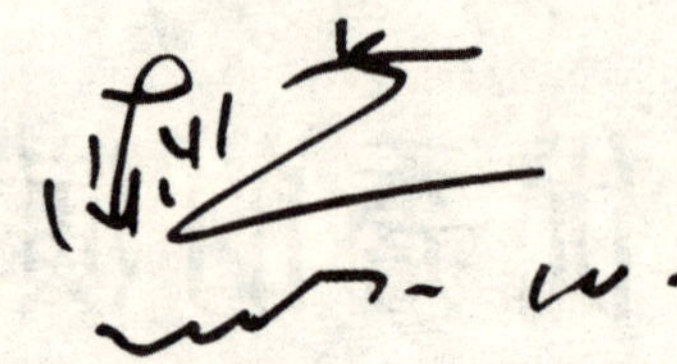

祝建军新书上市！

—陈小艺—

建军《红地毯》与您一起分享！

—曹颖—

关注建军的书《红地毯》

—何晴—

序

在我国，人民日益增长的物质文化需要同落后的社会生产之间的矛盾仍然是社会的主要矛盾。为了解决社会主义社会中的这个主要矛盾，国家实行了市场经济体制，加强了各类市场建设，其中文化市场建设得到了党和国家的高度重视，文化市场更加开放。在这个大背景下，文化经纪人应运而生并快速发展，仅北京而言就有文化经纪机构300多家；持证文化经纪人5000多人。他们以自身的信誉、所掌握的知识和信息为文化市场交易双方服务，在推动文化创意产业，提高文化市场组织化程度和市场交换率，促进社会文化资源的合理配置等方面发挥着积极作用。在我国进入世界贸易组织后，文化经纪人在中外文化交流中的作用更加突出。世界“三大男高音”在紫禁城的成功演出、美国百老汇经典音乐剧的成功引进已经证明了这一点。

实践证明，发展文化市场离不开经纪人。正因如此，更多的有识之士认识到文化经纪人行业是一个朝阳行业，并开始从事文化经纪业务；更多的艺人和艺术团队开始接受并依靠文化经纪人发展自己的艺术之路。目前可以说，文化经纪人行业的发展已经走出了“穴头”的时代，走过了不被社会认知、认可的阶段，开始进入社会依靠，经纪人加强自律的阶段。在这样一个良好的发展形式下，文化经纪人行业的发展存在的最突出问题是：社会需求与经纪人专业程度不够的矛盾问题。要提高文化经纪人行业的专业水平，需要社会各界对文化经纪人的帮助，更需要文化经纪人之间加强沟通与交流，相互启发，提高自身的服务能力。

本书编者徐建军是北京第六期文化经纪人培训班的学员，自2002年进入经纪人队伍。长期的实践，使他对经纪人行业感受颇深。书中丰富的内容和信息反映的是他从业的真情实感。编者将自己的从业感受诉诸笔端，其意在让社会对文化经纪行业及其从业人员有近距离的了解。编者个人的从业经历与见解对我们认识经纪行业是颇有启发的。

本书编者徐建军先生在书中所积极倡导的经纪人的“专业精神”与北京经纪人协会出台的《经纪人行业自律规范》所遵循的宗旨是一致的。与北京经纪人协会倡导的“以信立业，以专执业”的执业理念是一致的。本书对经纪人开展业务提供了参考资料，一定会促进经纪人业务的开展，一定会对经纪人提高服务能力有积极的帮助。经纪从业人员执业素质的不断提高，无疑是行业建设和进步的基础。我们相信，经纪人行业的明天会更加绚烂！

北京经纪人协会

2008年1月18日

编者的话

“五年中，经纪人经历的积累与沉淀，使我提炼并总结出《红地毯——我为明星做经纪人》一书。同时，我欣喜地看到经纪人行业的迅速发展，它是文化娱乐业日渐繁荣的标志，它构建了和谐社会并带动了文化事业的发展，且充分表现出我国日益强大的经济实力！虽然在这五年的经纪人工作中，酸、甜、苦、辣溢于言表，但是我却收获了丰富精彩的经历。每当我看到艺人们光鲜四射地走上红地毯，我的心中充满着喜悦！让我感到欣慰的同时，也充满了无尽的希望，那是一种经历坎坷，奔向朝阳的畅快！这些都要深深地感谢培养过我的中国国际电视总公司中视影视制作有限公司，并向帮助过我的领导、同仁、制片人、导演等真诚致谢。在经纪人行业中，我仍是新人，还在不断地学习、探索更适合我国演艺经纪的道路。希望此书能给各位读者起到抛砖引玉的作用。书中不足之处，诚恳地希望大家给予更多的指导！”

—— 徐建军 ——

目录

机遇篇

邂逅经纪人行业

一个人的事业选择，看起来会受到许多因素的影响，甚至还决定于某一时刻的某个偶然。许多年轻人对自己的未来一脸茫然，不知自己的事业到底在何方。其实，事业的选择并非自己无法决策，无法主导，这里面存在一些决定性、规律性的影响。当你认识到这些规律后，你也能够把握自己的事业和命运。

在演艺经纪人行业里，有成功，也有失落；有火花的期盼，也有晦涩的暗淡。即便如此，我总是能够坚持，我相信：全力以赴是挥写人生的准则；也更加坚信，任何事情只有付出，才有回报。机遇的出现和存在是不稳定的，我们每一个人都不是幸运之神的宠儿，要想有所成就，就要学会创造机遇，而机遇也总是留给那些有准备的人！

—— 徐建军 ——

一个偶然的机遇

机遇是事物联系与发展过程中本质规律的外在表现，是以偶然性为其补充和表现形式的必然性。机遇就是好境遇，是事业发展的特定有利环境。机遇，对一个人的事业发展与人生道路起着重要的影响。

机遇与风险是并行的。也许你在触摸机遇的同时看到了风险，畏险而却步，便会错失良机；也许你在机遇来临之时犹豫不决，想等到更好的，便会错失这次机遇。生活是公平的，它不会随时使你陷入危机，也不会总是赐给你机遇。只有成功把握机遇，你才会走向成功。走进娱乐圈，“变身”经纪人，对于我来说就是抓住了一次机遇。

最有前景的职业

在美国，经纪人是一项古老的职业。美国的经纪人职业已经有60年历史，经纪人市场以CAA等三家经纪公司为核心，这三家经纪公司网罗了美国80%的艺人。

在中国，曾经一些小作坊式的操作，使得经纪人行为具有浓郁的个人色彩，一些影视音乐制作公司开设经纪部门也只是为了满足剧组需要或挖掘新人，离真正的经营明星仍旧相差甚远。不过令人欣慰的是，目前娱乐经纪公司的运作模式正在逐步走向规范化。

2002年10月1日，文化部颁布的《营业性演出管理条例实施细则》正式实施，在细则中第一次对经纪人有了明确定位，并第一次允许在公司名称中使用“经纪”一词。

据笔者所知，伴随文化产业在国际艺坛上成为新兴支柱产业，美国、法国、西班牙、英国等欧美国家，均已建立了规范的文化经纪人职业制度。

随着文化市场的活跃，对于文化经纪人的需求骤增，2003年底北京经纪人协会正式成立，市场得到不断规范。如在近期的人才市场上便时常出现这一招聘职位，其称谓有演艺经纪人、戏剧市场经纪人、歌舞演出经纪人、曲艺经纪人等。

北京电影制片厂门口

笔者了解到，在这场经纪人需求的热潮中，那些文艺专业出身或具有文科类专业背景的人才已然成为了热门人选。

以北京演出市场为例，即有着几十万之众的“北漂族”，而对于目前经纪人的数量则不到整个行业需求量的20%，且极其缺乏高素质的经纪人。由此，经纪人行业市场潜力巨大，且很可能成为本世纪最有发展前景的行业之一。

我做经纪人的感悟

2001年的时候，我还只是在文化部下属的文化公司做演出，接触过大大小小各式各样的活动，印象最深刻的一次是张惠妹、孙燕姿、张宇等著名港台艺人联手演出的一次活动，场面也很宏大，从演出筹备到结束，整个过程很辛苦，看到港台艺人的助手也就是现在的经纪人，忙前忙后，处理与这次活动相关的事宜，觉得很是新鲜，完全没有理解这是为什么！只有当时社会上的普遍想法：这些演员真是很大牌，出入需要那么多人围着，嘿嘿！这是我第一次接触到在活动中的港台经纪人，这次经历也使自己学到了很多的东西。

做演出活动，让我非常有成就感。有的时候，前一天晚上大家还在活动场地搭建舞台架子，会场里还是空空荡荡的，但到了第二天，同样一片场地，你会看到一两万人聚集在一起，欢呼雀跃、歌声嘹亮，让人兴奋不已，全身的细胞极度膨胀。而到了演出结束，拆台的时候，也会充分感受到辉煌瞬间过后的宁静，在夜色中上万人一下子消失，只剩下工人叮叮当当的工作，这种感觉会让我释怀，也曾感叹：一场演出在辉煌过后，一切都趋于平静，又重新面临新的挑战，每一次都犹如经历了生命的洗礼，纷纷扰扰、酸甜苦辣，有的时候，过程远比结果更重要，真的是戏如人生！

那个时候，我还做过齐秦的音乐会，接触的全部是港台的经纪公司，这给我的印象很深，他们都是非常专业的业内人士。当时给我的感觉就是，大陆的经纪人太少了，在未来，这将是一个新兴行业，于是我就想到了转行，经纪人这个职业给我很大的诱惑力。

一次偶然的机会，我走进了演艺经纪这个行业，去了上海某文化公司（香港TVB的合资公司）。在那里，我接触到香港经纪公司对艺人的系统包装，打造艺人的方式、方法，学习到了专业的经纪人操作程序，从头到尾接受了一个全新的模式，学到了很多新鲜的知识，但世事变迁，由于当时公司做得不够本土化，没有结合内地的基本情况，还是在延用适合港台地区娱乐圈的经营方式，由此我也看到了其中的弊端。

于是，在该公司工作一年后，我跳槽到了中国国际电视总公司中视影视制作有限公司。这里每年的影视剧制作量在全国排在前几位，再加之旗下成立了影视经纪工作室，让我觉得更适合自己当时的情况。来到国际电视总公司后，我把在香港TVB学到的经验融入于本土化实际情况，充分运用，得到了意外的收获。

一个离不开朋友的圈子

做经纪人这行，如果没有丰富的人脉关系，做起事情会非常困难，而能够建立人脉关系也是入行的基本要求之一。在娱乐圈里，不管是制片人、导演、策划人、媒体工作者，还是经纪人，都是要靠朋友互相帮忙的，而且不能利益性太强。

在这里，我想说的是，看到这本书的和想要成为经纪人或已经成为经纪人的朋友们，请永远记住，世界上没有人是你无需交往的，只是因为你对他不够了解，或对他的态度不够诚恳。你如果是一个想成功的人，那么首先必须先建立好人脉，给自己留出创造机遇的空间，只有这样成功才会离你越来越近。

至关重要的人脉关系

以前，有人说过，人脉等于钱脉。对于这句话我觉得如果可以这样说会更为贴切些：“人脉良好，产生效益就是钱脉，反之则不然。”效益有的是经济上的，有的是精神上的，当然这是后话。

人脉是一种资源，如何建立人脉：成功人士都相信在建立人脉之前，首先应该反思自己，看清自己究竟有什么能力与优势是值得让别人愿意跟自己交往的。在《胡雪岩》这本书中，作者高阳写道：“人缘也是靠自己，自己是个半吊子，哪里来的朋友？”这句话相当贴切地描写了拓展人脉的关键。

刘欣和杨采妮参加第19届东京电影节颁奖仪式

记得，我曾经给两个剧组做过义务性的副导演，有时候虽然不是自己的事情，但依旧会去帮忙，这样就会结交很多朋友，结下深厚的友情。因为这个圈子是非常有局限性的，经常会因为某些项目来合作，今天我帮助他了，明天他也会来帮助我。

2006年春，我的朋友柴绍力打电话给我，得知他所在的公司北京紫金长天传媒文化有限公司要筹拍电影《十三棵泡桐》，正在寻找女一号！剧组的副导演已经找遍了所有的经纪公司、表演专业的艺术院校，一直没有合适的人选。我了解到剧本中女一号的角色是个男性化的女孩，我爽快地答应一起来找。于是便约该剧副导演一同到东方大学城内的“东方国际影视艺术教育中心”来看看。上午我们到了艺术中心后，这里的老师非常配合，全校共有一百二十余名学生，在老师的帮助下我们分批给学生们试镜，一直忙到晚上才结束。分手时，副导演告诉我有个女孩很合适，回去要同导演、制片人商量再给答复。两天后，副导演打来电话讲有个叫刘欣的女孩很合适，并商谈具体细节。后来刘欣顺利进组拍摄。

东方大学城

让我觉得欣慰的是通过自己这次不经意的“帮忙”，让这个女孩得到了新的发展。由此可见，人脉关系是十分重要的。而通过刘欣自己的出色表演，同年10月，《十三棵泡桐》获得了第19届东京电影节评委会特别奖。

我与玫玫的相识

在做经纪人的工作中，还要多参加各类活动来结识各种各样的朋友，拓展自己的人脉圈子，这个过程中绝不能将利益放在第一位。在我结识的很多朋友里，玫玫就是其中之一，我们的相识是在2002年北京第六期文化经纪人培训班中，当时彼此留下电话，以备联系。没想到，过了几个月，也就是2003年2月，她来电话通知我参加在八一电影制片厂内她组织的一次同学聚会，这也就是首届“北京文化经纪人联谊会”。当时，北京尚未举办过这种活动，使人感到意外的是，到场的除了经纪人还有演艺界名人、明星竟然有三百余人，说明了大家还是很渴望一个交流的平台。

首届“北京文化经纪人联谊会”

第二届“寰润文化经纪人嘉年华”

2003年11月14日，是一个令所有经纪人备受鼓舞的日子，也是一个值得纪念的日子——北京经纪人协会成立了。它标志着经纪人行业在北京日渐走向规范化。

而这时候玫玫又给我打来电话，要在2004年2月以北京寰润影视文化发展有限公司为主办方，在北京红馆举办第二届“寰润文化经纪人嘉年华”。那天，我如约前往，活动现场聚集了北京众多的知名影视经纪公司、文化公司、传媒公司、影视投资公司、唱片公司等，到场的还有韩国经纪人及知名艺人姜育恒，与会人员达到了六百余人！这次活动举办得非常成功，在现场我也结识了很多朋友。通过这次活动，我也感受到玫玫的独有魅力，她能将这么多不相识的人聚集在一起，而且这些活动全部是免费参加的，从场馆、节目、礼品、通讯录等一切费用都是她自己承担，我觉得她很有胆识和魄力，作为一个女人，她能一次又一次的为大家搭建平台，我觉得这样的朋友值得交！

意外惊喜中，玫玫告诉我，2005年2月，她的寰润影视文化公司要与北京经纪人协会强强联手，在北京友谊宾馆聚英厅举办第三届“北京经纪人协会寰润文化经纪人嘉年华”。那次到场的嘉宾不仅有演艺圈的风云人物，还有国家工商总局市场司司长王晋杰、工商局局长张志宽、北京经纪人协会会长刘健、北京市文化局副局长王珠等领导，参会的公司不仅有文化经纪公司，还有房地产、体育类经纪公司的代表共八百余人，现场还有主办方邀请来的众多媒体，而玫玫更是以大会主持人的身份闪亮登场，成为了整个活动中的另一道亮丽的风景。当时我身在其中，充分感受到了政府对经纪人行业的支持，演艺界人士对经纪人的期望，也更加体会到了人脉关系的重要性。大会现场我还结识了很多新朋友，为以后的工作奠定了基础。

值得一提的是,在这三届文化经纪人活动中，玫玫为每一位参会者都免费提供了一本非常详细的通讯录，里面不仅包括了每位经纪人的基本信息，还将每个文化经纪公司的业务范围做了介绍，非常细致、周到。这三本通讯录我至今都在使用，它使我的人脉关系更加广泛。

从2006年起，玫玫又创刊了《瞬间》杂志，它在北京的各个影视文化经纪公司、经纪人和艺人之间建立了一个互通的平台，使大家的交流更直观。

当看到第一期《瞬间》杂志中玫玫采访的北京市工商局副局长、北京经纪人协会会长刘健的内容时，这给我留下了很深的印象。刘健说：“北京市经纪人行业的快速发展是近几年的事，经纪人的快速发展促进了首都经济的发展。但是在经纪人行业快速发展的过程中，也出现了很多问题，要解决行业问题，就需要社会了解问题的成因，理解问题的存在，帮助、监督问题的解决。实践证明，求得社会各界对经纪人行业的关注、理解、支持、帮助，才会使经纪人行业更快地发展……”

在那篇访谈文章中，我看到了刘健会长对经纪人从业人员的建议——“以信立业，以专执业”。从此，我将这八个字深深的记在心里，并以此为标准来工作。《瞬间》真是让我受益匪浅，而玫玫更是值得我钦佩的好朋友之一。我们从一步步相识到合作，她不仅是一个很有责任心的女强人，同时也具备女性细腻的一面，大家非常合拍，与这样的朋友一起工作，也是一种“享受”。这也让我深深领悟到，娱乐圈是一个离不开朋友的圈子！

而作为需要广结天下友人的经纪人来说，要学会发现合作伙伴身上的优点，真诚地与对方交朋友，这样你才会在朋友身上收获更多的“财富”——经验、友情、智慧，甚至还可以带来意想不到的机遇……

第三届“北京经纪人协会寰润文化经纪人嘉年华”主持人玫玫、张少斌

第三届活动到场嘉宾从左向右依次是索妮、陶虹、方青卓、谢东娜

编 后：

不要让机遇擦身而过

机遇是外界提供的，它并非我们凭空等待就能轻易获得。在人的一生中会遇到不同方面的机遇，这时如果你各方面都准备好了，就能抓住它！

其次，我觉得机遇的选择也很重要，就好像到了一个十字路口，你要选择往哪个方向走。因此一个正确的决策会让你一生无憾，一个错误的选择，会导致你抱憾许久。

另外，我们要善于发现机遇，要懂得机遇并非稀缺，而是无处不在。美国社会学家有个调查分析，人的一生直接关联的大机遇大约有8～12次，能不能抓住它，对于命运有着关键的作用！但是，为什么很多机遇来临之时，会有很多人白白让它错失呢？原因在于他养成了放弃机遇的习惯，这个习惯是平时不善于抓住小机遇而造成的。

因此，作为经纪人，更应该握紧、抓牢每一个机遇，并正确选择每一次机遇，决不能让它擦身而过！

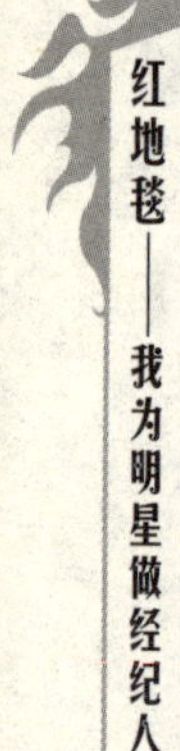

国家工商总局市场司司长王晋杰致词

北京市工商局局长张志宽致词

北京经纪人协会会长刘健致词

北京经纪人协会副会长兼秘书长孙海峡致词

领导与演职人员合影留念

成长篇

快乐成长，收获经验

回首自己走过的足迹，回忆自己从事演艺经纪人行业的点滴，我深刻地感悟到：成长是艰辛的，它需要付出时间和代价；成长又是快乐的，它带给你丰富的经验，让你了解人生的真谛。一代人成长，一代人衰亡，生命就这样延续着，一年又一年，一代又一代，一个又一个轮回，这便是一个成长的过程。所以，热爱经纪人行业的朋友们，请珍惜你所经历的每一件事情，每一位艺人，努力在这些经历中汲取经验，快乐地成长吧！

——徐建军——

我了解的演艺经纪人

一个优秀的明星，需要一个优秀的经纪人。因为工作的关系，我常常可以看到、接触到明星和经纪人的点点滴滴。我觉得，一个好的经纪人首先应该是艺人的朋友，但我所说的“朋友”，并不是说什么都袒护艺人，只是因为更了解他（她），所以知道他们的长处和短处，比如其特点、性格缺陷等，也因此可以帮助艺人与外界进行合理的沟通……我们总是和艺人共同面对着演艺市场的风风雨雨；我们也正在努力睁开懵懂的双眼，去认真、仔细地了解这个行业，以求用实际行动向大家证实自己存在的价值！

文化经纪人的分类

文化经纪人，是指在演出、艺术品、文物、影视、出版、文化娱乐等活动中从事代理服务的专业人员。通过不同的工作性质与工作内容被划分为演出经纪人、演艺经纪人、书画经纪人、艺术品经纪人等。

在本书中，我主要讲的是我所从事的演艺经纪人行业。演艺经纪人所服务的对象分为演员和艺人。演员所从事的工作内容主要是影视作品的表演，比较专一和单一，以演戏为主；而艺人的工作内容除了影视作品的表演外，还包括舞台表演、唱歌、主持等，属于多方面的综合发展。

通常情况，在演员和艺人中又分为新人和明星。对于新人，演艺经纪人要为其进行培养、包装、打造、宣传和拓展工作，要尽快提高其知名度；对于已经成为明星的演员和艺人，要对其进行更深层次的综合性维护，使之继续享有扩大和提升市场知名度的空间，让他们不会在演艺圈中瞬间陨落，成为一颗闪耀的恒星！

演艺经纪人的十大基本素质

第一，诚信。即诚实可靠、待人真诚、实事求是、做事谨慎，并懂得换位思考。有很多经纪人的做事方式不太对，造成不好的口碑。

第二，敬业。这是一种高尚的品德，是对经纪人职业怀着一份热爱、珍惜和敬重，不惜为之付出和奉献，从而获得一种荣誉感和成就感。它是和诚实守信、质量效率联系在一起的。

第三，素养。即经纪人应该具备一定的综合文化素质，包括对自己所接触的行业要有基本的判断能力，这也是对专业素质的需求。

第四，阅历。经纪人应该具有较丰富的人生阅历和社会经验。作为演员形象的维护者，见多识广是必备的素质。

第五，眼光。演艺经纪人必须具有较高的艺术鉴赏能力，为艺人选择角色、把握歌曲风格的重任往往落在我们身上。经纪人还得是优秀的星探，要有识别“准明星”的慧眼。

第六，机会。即善于抓住机会，比如你的合作机会很多，如果不抓住重点，就有可能失去很多好机会，这是对其商业头脑以及预知事态的能力提出的要求。

第七，公关。即推广。作为经纪人应具备主动出击的能力，推广自己的艺人，要像“保险人”那样拥有开拓精神。

第八，沟通。即要善于沟通，艺人也许因为投身创作而没有时间注意和媒体以及合作方的交流，那么经纪人就要帮他（她）做好这方面的工作，起到桥梁和沟通的作用。

第九，关爱。优秀的经纪人还应具有良好的亲和力，有老师般的耐心、爱心和母亲般的细心与关怀。

第十，心态。经纪人应该拥有较强的心理素质，能够及时调整和承受突发事件与舆论压力带来的心理变化，还应具有平和向上的心态。只有这样，才能在这个行业中得到持久的发展！

除了这十点基本素质以外，我还将演艺经纪人比拟为全能的超人。一名优秀的经纪人必须具有广泛的社会关系，参加各类型活动，积累人脉，要有帮助艺人一夜走红或者“咸鱼翻身”的本事。我们既要同媒体搞好关系，又要与各类演出组织单位、影视剧导演、制片人成为朋友，以便对旗下艺人争取更多的演出机会，提升艺人的知名度。

综上所述，经纪人一定要具备以上最基本的素质修养，切记“诚信”、“敬业”、“沟通”、“心态”这四点，学会通过自己的阅历，运用独到的眼光，把握机会、巧妙公关、随时关爱，不断提高自己的素养，只有这样你才能变身成为优秀的经纪人！

演艺经纪人的就业年龄和从业时间

当今社会，在不同的行业中、岗位上，对于就业年龄的要求各有不同。对于演艺经纪人行业来说，从业年龄不限。但年龄越大社会阅历和经验也会更加丰富，这些也往往会直接影响到这个人的分析能力、判断能力、洞察能力以及综合社会观、价值观等。

经纪人从业时间方面，概括来讲是可以工作到老年的，但如果跟不上社会的步伐也会被淘汰，不论年龄的大小都要做到与时俱进。如果中途离开这个职业2～3

年，重新进来时又会需要适应期，这样是不利于自身发展的，所以要坚持，才会逐步适应这个行业，有所成就。

演艺经纪人日常必备工具

经纪人的日常必备工具就像战士打仗离不开兵器一样，一定要武装到牙齿，这不是夸张，在现代信息发达的时代，经纪人要时刻准备好自己精准、实用的兵器。

兵器1　艺人资料（简历、图片、影像资料）。

兵器2　U盘、工作专用电子邮箱、MSN等。

兵器3　最好配备两部手机，且应保持随时畅通，一部工作之用，一部生活之用。

兵器4　数码相机，随时记录各种场合的花絮等及时提供给媒体进行宣传。

兵器5　名片、记事本随身随时携带。

兵器6　笔记本电脑，可以无线上网，随时了解网络新闻对艺人的报道。

兵器7　随身携带通讯录，随时保持与制作人、媒体、广告公司的联络。

为艺人推广的五大工作内容

艺人推广：接拍影视剧——广告——演出——活动——宣传

（一）为艺人接拍影视剧。首先要得到拍摄信息，也就是得到“建组”信息。将艺人资料交给剧组副导演。了解角色，有针对性地推荐自己的艺人。得到导演、制片人的认可后开始洽谈艺人的档期、酬金等具体事项。最后是签约、艺人到剧组拍戏、收取酬金。

（二）为艺人接拍广告。经纪人推荐艺人或由广告公司或厂家发出广告合作意向邀请。经纪人确定是否能够接拍此类广告。确定艺人的广告价格、拍摄时间等。最后签约、履行合约。

（三）为艺人洽谈演出。接到演出方的邀请后，确定演出内容（如：唱歌或主持）、档期、价格、签约、执行合约。

（四）为艺人接洽活动。接受邀请、确定活动内容（如：剪彩或作为嘉宾出席）、档期、价格、签约、执行合约。

（五）为艺人宣传。经纪人与企宣人员根据艺人的发展规划，制定艺人的宣传计划，并逐步实施。

另外，在艺人的知名度和公众形象达到极高点时，可以用他（她）的形象和名字来命名某个影视学校、服饰品牌等。

演艺经纪人日常主要是围绕着上述五大方面进行工作的，因此掌握好上述五个环节的技巧，把握好艺人推广中的每一个步骤是经纪人的基本工作内容。

为艺人工作的相关人员有哪些

经纪人、企宣、宣传助理、工作助理、生活助理、摄影师、化妆师、发型师、设计师、服装师等。

这里要说明的是：一位艺人，从新人上升到明星的不同阶段中，身边的工作人员也在随着不同的需要而增加。

行业入门必修课及上岗资质

★对经纪人行业感兴趣　　★了解经纪人行业的规则
★具有一定的社会阅历　　★熟悉基本工作内容
★熟知相关的法律法规　　★熟知相关的合同文本
★始终保持良好的心态　　★需持有《经纪人资格证书》

◇◇◇　由北京经纪人协会颁发的《经纪人资格证书》　◇◇◇

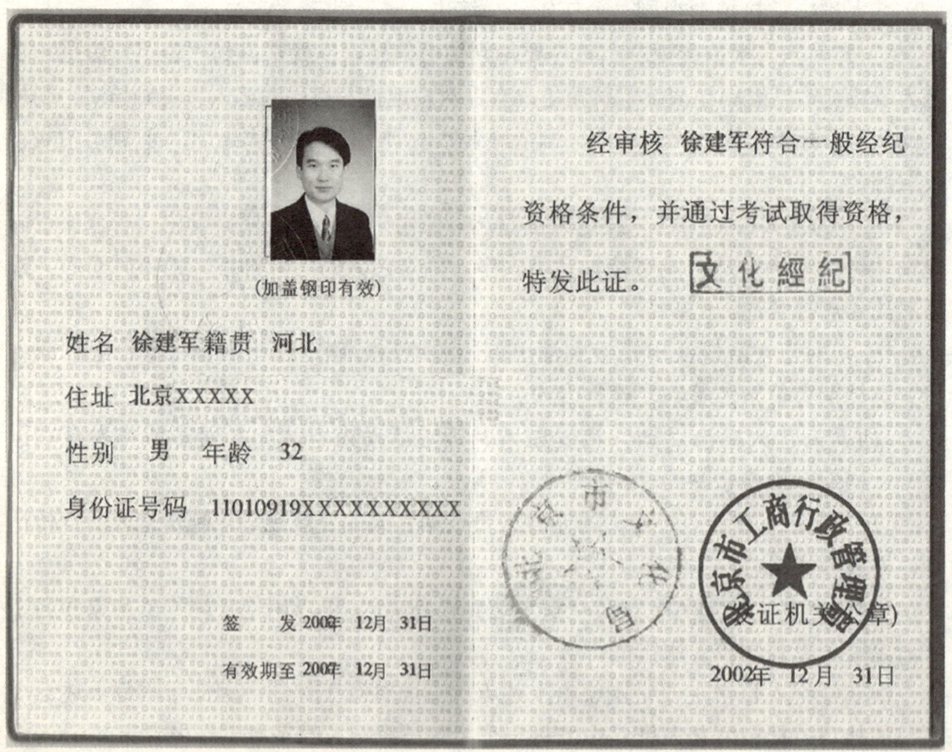

(加盖钢印有效)

姓名 徐建军籍贯 河北

住址 北京XXXXX

性别 男 年龄 32

身份证号码 11010919XXXXXXXXXX

签　发 200年 12月 31日

有效期至 200年 12月 31日

经审核 徐建军符合一般经纪资格条件，并通过考试取得资格，特发此证。

文化经纪

(发证机关公章)

2002年 12月 31日

经纪人的基本社交礼仪

当我们与他人交往时，第一印象往往是深刻而长久的。因此，在会面、拜访时的言谈举止一定要得体。以下这些基本社交礼仪，供大家参考：

☆站姿

- 躯干：挺胸、收腹、紧臂、颈项挺直、头部端正、微收下颌。
- 面部：微笑、目视前方。
- 四肢：两臂自然下垂，两手伸开，手指落在腿裤缝处。

☆坐姿

- 眼睛直视前方，用余光注视座位。
- 造访生客时，落座在坐椅前1/3。
- 离位时，要将坐椅轻轻抬起到原位，再轻轻落下，忌拖或推椅。

☆交谈

- 通过轻轻点头表示理解对方谈话的内容或主题。
- 他人讲话时，不要整理衣服、弄头发、摸脸等。
- 对方讲话时，不能经常看手表。
- 用“某导”或“某老师”称呼对方。
- 交谈中，如确有急事需要离开时，须讲“对不起，请稍候”。回来时再次说“对不起，让您久等了”。

☆动姿

- 行走时步伐要适中，女性多用小步。切忌大步流星，严禁奔跑。
- 几人同行时，不要并排走，以免影响客人或他人通行。如确需并排走时，并排不要超过3人，并随时注意主动为他人让路，切忌横冲直撞。
- 任何地方遇到剧组人员，都要主动让路，不可抢行。
- 与剧组人员迎面相遇时，应主动侧身，并点头问好。
- 给剧组人员做向导时，要走在此人前两步远的一侧。

☆电话礼仪

- 说话时声调要自然、清晰、柔和、亲切、热情。
- 通话时，手旁须准备好笔和纸，记录下对方所讲的要点。
- 通话时，若中途需要与人交谈，要说“对不起”，并请对方稍候，同时用手捂住话筒，方可与人交谈。
- 在电话交流中应尽量避免使用“也许”、“可能”之类语意不清的回答。不清楚的问题应想办法搞清楚后再给对方以清楚明确的答复。

领航者应具备的眼光

经纪人要具备独到、敏锐的眼光，能看到别人不易发现的事物，拥有很强的洞察能力，才能托起新“星”，就好像夜行在汪洋大海中的一艘游轮，需要依靠领航者来识别星相去导航！

比如，十几年前大家就已经听说过潘美辰这个名字，但总觉得不够火，有个很重要的原因是潘美辰中性的外表不太符合当时的潮流。如果她处于现在这个时代（中性潮流时代），我想可能就会特别“火”！所以，经纪人必须要挖掘符合当今潮流需求的艺人，这样的艺人才是最有发展空间的。

经纪人的独具慧眼也是从一点一滴培养出来的，当你还是艺人助理、经纪人助理或其他角色时，从客观的角度会看到很多成与败的例子，只有在其中领悟到属于自己的经验，才能有助于成为一名领航者。

又如台湾艺人刘畊宏，当时签约大陆某公司后，由于公司无人真正管理和经营他，使得他没有红起来。当初，周杰伦经常跟他“混”在一起，但现在周杰伦却拥有了完全不同的结果和成绩。如今，每逢刘畊宏举办歌友会的时候，“周董”仍然多次免费来捧场，这对艺人来说是很难得的机会，我相信如果他的经纪人（公司）能把握好这样的机会，并加上良好的经营运作，刘畊宏也许将能成为乐坛的另一颗闪耀的星。

再比如，目前创作型歌手很受欢迎，一个歌手想出名关键是要有好歌，自己会创作是最好的，像歌手雪村（代表作：《东北人都是活雷锋》），是属于开创网络成名的第一人，记得那时走到哪里都会听到这首歌，大街小巷充斥着这首歌！随后陆续出现了杨臣刚、庞龙等歌手，他们也通过网络形式成名了，之后虽有很多网络歌手，但能火起来的却很少。因为有些形式最好是“尝鲜”才容易一举成功，之后似乎都是疯狂的模仿者。如果当时有哪位经纪人慧眼识英雄，签下雪村，通过网络成功推出歌手，那么这将会成为一个经典案例。这就是一个经纪人要具备的眼光，一个领航者要具备的素质！

资源的维护和整理

资源是生产资料，运作能力是生产力。运作资源产生的收益减去购买产生资源的成本等于利润，这个公式同样适用于经纪人。在娱乐圈里，制作方、广告商，甚至歌迷、影迷都是经纪人的资源，只有善于维护、整理和运用，才能充分发挥这些资源的作用！

记得，曾经有一个栏目组找到我，希望曹颖能够参加他们的节目，但是那个时候并非曹颖的宣传期，我便委婉地拒绝了对方。后来，在曹颖生日的时候，我再次找到该栏目，真诚地与对方编导沟通，希望以生日Party的方式进行节目的录制。我认为，这种方式不仅仅是一种特别的节目形式，而且也为曹颖找到了宣传点，更改善了由于之前拒绝栏目组所带来的一些影响，维护了与媒体资源的关系。2006年5月14日，曹颖生日的当天，节目现场来了很多热心的影迷，他们送来了1000朵玫瑰花和几个不同造型的大蛋糕，气氛温馨感人！

曹颖生日现场

平时我还有写工作日记的习惯，会将这些资源进行系统的整理分类。首先，我会在工作日记中记录结交新朋友的时间、地点和联系方式，以及对方的工作性质、职位等，便于日后的联系和深入往来；其次，总结当天所做的工作内容及签约合同时的相关细节，若今后与对方合作出现分歧，便于查阅记录；最后，我会拟定未来一周内的工作计划，例如：XXX时间与XX导演见面，XXX时间给XX栏目组编导打电话沟通宣传细节等。

其实，作为经纪人不管是进行资源维护还是资源整理，都是让自己的人脉关系网日渐完善，也是让工作顺利进行的基础。

如何让资源升值

经济效益是经纪人生存与发展的物质基础部分，是经纪人的可控制经济资源，而资源升值也是经纪人所热心探求之目标。因此，在现今的客观经济环境、社会环境中，经纪人应使用不同的商业运作方法和其他合理、合法的途径，达到让资源产生经济效益的目的。

作为经纪人来讲，唱片不仅只是推销自己艺人的CD，有的时候还要配搭在一起和商家合作。比如曹颖在发行第一张专辑《虞美人》的时候，我就找到了万钰电动车的老总，达成了厂家购买一万张专辑的协议。MV中不仅有厂家的电动车产品形象，还在专辑内附了厂家的形象卡片，将企业文化很好地融入到了其中，产生的市场反应双方十分满意，达到了双赢的效果！2006年4月21日与厂家联合做了一次曹颖首张专辑的签售活动。对于企业借助明星效应，文化与企业结合来说都是不错的范例，后来我和厂家老板也都成为了好朋友。

《虞美人》在上海的签售会

在策划曹颖唱片的新闻发布会时，我又找到了斯尔丽羽绒服厂的老总，双方一拍即合，定于2006年5月18日在上海召开曹颖首张专辑的新闻发布会。当时，我们邀请了诸多娱乐记者，厂家也请了行业记者，到场的媒体朋友有上百人，场面壮观，很好地结合了双方的资源，搭建了一个良好的平台。

《虞美人》火爆的签售现场

我始终觉得，到目前为止那场新闻发布会，是我做经纪人以来感到最骄傲的一件事情！其实，活动之前我很头疼，有许多琐碎、杂乱无章的事情等待着我去处理。坐在飞往上海浦东机场的飞机上，我第一次感到自己仿佛飞到了“九霄云外”，整个人的思想、思维早已经“抵达”上海。

《虞美人》唱片新闻发布会（中：高晓松）

在新闻发布会的前两天，我开始紧锣密鼓地进行整体协调。这时就体现出了经纪人对统筹事件的良好调理性与沟通能力。

与我们合作的美卡唱片公司在操作新闻发布会方面有着丰富的经验。他们的两位工作人员负责把关现场音响效果与宣传工作；我负责与厂家沟通产品怎样能与唱片发布会的演示更好地融合在一起。因为每个细节都需要提前考虑充分、做好十足的准备及应急措施，所以直到5月17日的凌晨3点，我们仍旧在工作现场。那一次，我几乎3天没有睡觉，虽然感到身心疲惫，但始终不能停下手里的工作，时间不等人，更重要的是这是曹颖的第一张唱片，只能成功，不能失败的责任感压在肩上，不可以出现半点瑕疵！——我一直这样激励自己，也一直用这个信念来支撑着身体超负荷运转，让自己的大脑处在清醒的状态！

新闻发布会圆满结束后，美卡唱片公司的宣传总监和我在咖啡厅聊天，也许是因为活动的成功举办，让我时刻紧绷的神经终于松懈了下来；也许是被咖啡厅舒缓的音乐环绕，轻松的气氛感染；也许自己真的已经疲惫到失去了知觉，不知不觉中，我居然喝着咖啡，慢慢地闭上了眼睛睡着了，当时不知道睡了多久，只觉得睡得很香、很沉，甚至不愿意从梦中醒来……事后，朋友告诉我，我坐在椅子上足足睡了10分钟，而且鼾声“震耳欲聋”，惹得在场的服务员和客人笑声连连。朋友不忍叫醒极度疲惫的我，但又禁不住别人异样的目光，还是“狠心”地把我唤醒了，然而睡眼惺忪的我，对咖啡厅里发生的一切却浑然不知，只是感到刚刚闭上眼睛，就被朋友叫醒了。

总之，那次合作虽然非常辛苦，但却是愉快的，厂家对曹颖非常认可，他们主动支付了所有记者的往返机票、五星级饭店的住宿、现场音响等费用，一共花了80万元，新闻发布会非常成功，发布会场面隆重，使首张专辑《虞美人》的推出达到了预期的效果。这些都是让资源升值的最好体现！

经理人与经纪人的不同

经理人与经纪人的概念是有所不同的。经理人对艺人具有投资、包装、打造等责任，而经纪人不会承担投资部分，只是将艺人与市场进行嫁接。目前大陆地区对于经纪人和经理人的概念是比较混淆的。

好的经理人具有发现、挖掘新人潜质的能力。比如，当年日本索尼公司的一位老总就是因为看重女子十二乐坊这支乐队，便独自成立公司专门经营她们，女子十二乐坊的经理人王晓京的理念也非常独特，他不单独宣传乐坊里的某一个女孩，而是选择了整个团队，加上他独特的理念和经验，使得女子十二乐坊一炮而红。

圈里的另一种现象

艺人除了签约经纪公司以外，还有一种“签约”现象，即由亲属来为自己做经纪人。这也许是因为中国人的传统观念——觉得亲人能更加忠实可靠、保守秘密，另外还有一个思想就是“肥水不流外人田”。于是“明星与经纪人一家亲”的现象在圈中较为常见。比如常有些明星请自己的嫂子、姐妹等亲人为自己做经纪人，但也由于这样的“经纪人”不够专业，往往对艺人的未来发展有一定的局限性。现今大陆地区也有当红明星不乏采用这种方式。

大量的幕后工作

在我从事经纪人职业的几年中，所做的一些事情是艺人不能深入了解的。比如，明明前期做了大量工作，但结果没有与对方达成共识。大家看到成功的每一件事，是经纪人经过多少次筹备、洽谈、沟通，最后才能达成圆满的，更多的都是艺人看不到的付出，因为前期工作都是由经纪人来做，艺人只是在最后才需要出面。

举个例子，在我准备为曹颖接拍公益电影《同一片蓝天》的时候，她正在为其他的电视栏目做主持人，为了使她既不耽误主持工作，又能接拍到电影，我费尽心思，几次找到电影的制片人，与其反复沟通协调后，终于使两方面的工作都能正常进行。有时候，曹颖会开玩笑地说："我怎么没有睡觉的时间呀？"其实，有很多时候，我就像个计算时间的"会计"或者统筹，甚至要精准得把几分钟的时间都安排出来，还要考虑可能发生的意外情况。

有一次，有部戏找陈小艺合作，当时正赶上春节放假期间。大年初三，制片人赶到北京要求当日务必签合同，因为初七就得开拍了。我们在仔细洽谈合同细节后却发现无法"签字"，因为合同是在计算机里做的修改，但过年的时候根本找不到打印的地方，我便开着车四处去找，整整跑了三个多小时，才找到打印社。那天原计划是想和家人去逛庙会，结果庙会没去成，我的妻子和孩子反倒是坐在车里陪我游荡了一整天。

演员陈小艺

虽然幕后要做大量的工作，但是每当看到与自己合作的艺人收获成功时，那份喜悦早已冲淡了所有的疲惫。

注：一个经纪人往往不仅带新人，还要带"腕儿"，那么自己的工作状态也要随之进行调整。与新人合作和与"腕儿"合作是两个截然不同的工作感觉，前者是需要经纪人主动出击，后者通常是客户主动来咨询。另外，经纪人在人际关系上也要谨小慎微，对待外界所表述的每一句话都要深思熟虑，切记不当的言语会给自己的工作和艺人的形象带来不必要的损失。只有不断调整自己的工作状态，才能让经纪人和艺人共同进步、不断提升！

经纪人精明如商

作为一名经纪人，有时会给别人以商人的感觉——推广你的“产品”，使他（她）具有更广阔的市场和升值、保值的空间！

第一次见组“推广”艺人的感受

在“为艺人推广的五大工作内容”中我已谈到过推广的方式，这里再来详细说一下自己第一次见剧组“推广”艺人的经历与感受。

通常我们给剧组推荐演员的时候，往往把资料全部亲手送给副导演，由副导演来筛选。剧组驻地的房间或会议室，墙上会贴着一个很大的公告栏，公告栏里有各个角色的名称，角色名称下面依次贴着备选演员的照片。比如，此剧中的男一号名为XXX，在这个角色下面会列出三、四个演员的照片、名字；女一号名为XX，在这个角色下，也会有几个演员的照片、姓名。

剧组中，演员资料通常会堆积如山，敲门拜访的声音络绎不绝，往往都是经纪人去登门拜访，有的时候会带上演员一起见组。

第一次，我带田重（当时合作的艺人）去剧组面试的时候，导演基本已经确定了男一号角色的演员，但是二号角色还空缺。我看过剧本后，觉得一号更合适我的演员，于是便主动“出击”。我看着副导演并诚恳地对他说：“你看能不能让导演见见我的演员，试一下男一号啊，给个机会，人都来了，然后我们再试二号。”副导演被我的真诚打动了，于是带着我们去试一号。当时在场的有制片人、导演，试过戏后，他们立刻拍了板。

出来后，制片主任也在，他是一个四十多岁的男人，经历过很多剧组，而我那个时候却是刚开始带艺人，初出茅庐，但我依旧会用自己最镇定的状态和真诚来打动他。在谈判开始时，制片主任故意说：“哎呀，我们这角色其实都定了……只是想给这小伙子一个机会，但是你们的价格太高了！”那劲头，明明就是要讨价还价，非常地道的商人语气。但是，我也不气馁，一项一项的跟他整整谈了8个小时，现在回想起来对那次成功还是兴奋不已！

通过第一次的成功，我知道了万事开头难，只要真诚就会给你带来想不到的结果和惊喜，这一次经历也给我带来了自信和成就感。其实推广自己的艺人，尤其是新人，难度很大。通常，制作方为了压低价格，会不断地“刁难”经纪人，而经纪人又要保证演员的利益，这个过程真的很像商业谈判，所以在你第一次见组的时候，要做好很多准备，包括对剧本和角色的认知。

有一次我记得特别清楚，剧组的制片主任竟然跟我说："建军，你把你的艺人（新人）带到王府井最繁华的地方，给你一个小时的时间，找他签名的人超过10个，你说他的片酬是多少，我们就付多少！"当然，这个要求对于新人来说是根本不可能完成的，因为他还不是明星呀！

通过上面的事情，大家也能看出来，在推广没出名的艺人时，是要有很大耐心的，不要怕砍价和杀价，谈判的时候要讲究技巧，但前提是这部戏一定要适合艺人出演。

推广新人之常见方式

方式一：与制作公司保持良好的关系，推荐艺人参拍适合其本人的影视剧角色。

方式二：量身打造。通过运作好的剧本，为新人量身打造角色。

方式三：要学会灵活搭配手中的新人和"腕儿"。

在这里，我重点举例说明第三点。

比如，你所在的经纪公司如果已经拥有"腕儿"，那么你的资源就会很丰富，要学会充分利用优势，增加与剧组多样化的合作机会。比如，A是"腕儿"，B是新人，那么我通常的做法是：先把A的片酬确定一个对外的数字，自己心里先有个底线；在与剧组沟通的时候，制片方会讨价还价，我会说，就这样吧，不能再低了。只要对方答应，我就会说，其实我看过剧本了，B适合另一个角色，两个人合在一起，我只需要XX（价格）。这样其实就是所谓的"买一赠一"，是一种搭配，一种以"腕儿"带新人的搭配，含有很明确的商业目的。这样做主要是给新人更多的机会，是推广新人最为普遍的一种方式。

洽谈艺人酬金的实战

艺人的酬金问题，不仅是艺人本身十分关注的，也是制作方、大众等所关心的，更是经纪人的经济收入方式之一。因此，为艺人洽谈酬金，对于经纪人来说非常重要。当制作方与经纪人协商演员（尤其是新人）的酬金时，我通常会：

第一，找切入点。我会对制片方说："他（她）虽然是新人，但是演员在剧组确实付出了辛苦的劳动，夏天拍戏，不让开空调，而且穿着医院的救护服，闷得身上全是痱子，请您也理解一下演员嘛。"（当时，在谈一个演员夏天接拍的戏）

第二，设立憧憬。有的新人往往在求学期间也拍过一些影视作品，那么不妨告诉对方："这个演员以前也拍过某作品，马上要播出，如果剧组签了他，在宣传方面，应该是物有所值的！"或者告诉他："我们公司对于这位演员将会投入大力、专业的宣传，每年至少要给他（她）出资十几万，作为宣传经费的。将来他（她）上了这个戏，我们也会在宣传方面多下点工夫！宣传看什么啊？不就是要看演员的作品嘛；宣传什么呢？其实就是等于宣传咱们这部戏！"

制作方也会有应对经纪人的方法，我经常听到制作方会说："你（经纪人）说这话我不同意，毕竟现在这部戏还没有播出呢，毕竟你的演员还没有出名呢！我们剧组的这个机会多么难得啊，原来我就有合适的演员，如果用你的演员，就等于要把以前的演员替换掉。我觉得，在酬金方面应该再少一些，咱们以后还要合作呢，你不能一下就把我'闷'死吧？"

第三，严守底线。制片人、制片主任还会经常说："兄弟，这次亏待你的演员了，下一部戏我保证补回来。"经纪人如果听到诸如此类的言语，一定要坚守自己心里的价格底线。面对这样的情况，我一般会笑着跟对方说："哥们儿，这回先这样吧，下回一定给你便宜点！"、"好啊，我们下回再说下回的！"或者 "行啊，下回您要给他一个二号，我价钱还便宜哪！角色不一样啊！您要再给他一个一号，酬劳上我就更不争了呢！"

再有就是如何让新人的片酬上涨？这当然还是要通过接拍"大片"达成。比如：赵薇接拍的《还珠格格》、孙俪接拍的《玉观音》、黄圣依接拍的《功夫》等，她们都是通过成功的作品，让自己身价直线飙升的！

刚才我主要讲的是为新人洽谈酬金的方式，接下来再谈谈如何为明星谈酬金。明星因为本身已经具有很高的知名度，因此都是剧组或制片人、导演主动来找经纪人。也就是说我们比较主动。这种情况下，我通常会先看档期，如果档期可以安排，紧接着便是看剧本、角色、制作方、导演，然后是与自己的艺人演对手戏的男一号或女一号是谁，其次就是价格。每个明星在一段时期内都有自己的片酬范围，如果片酬合适，基本就会很快签约并详谈合同的各种细节。

收入渠道和方式

主要是依靠为艺人提供演出、广告、推荐拍摄影视剧等活动，使艺人获得收入的同时，从艺人的收入中，按事先与其约定好的提成比例来获取应有的酬劳。提成的收入中也有部分是要支出的，如宣传经费、办公经费、培训经费、探班经费等。

站在不同的角度思考

站在艺人的角度：艺人会觉得，一部影视作品是靠他们对角色的塑造来完成的，他们是它的承载体。演员在镜头前“辛苦的工作”，表演出来的作品演得到位，将来它才会得到更大的收益，那么制作方得利的时候，为什么就不能想想艺人的付出呢？比如，制作方在聘请演员、导演方面的成本是几百万，花了这些钱，给他们赚取上千万，这个时候他们还会说演员的身价高吗？还会说自己的成本高吗？其实我觉得艺人更多的只是想证明自己的商业价值。

站在投资方的角度：投资方想减少艺人的片酬，主要是想在后期制作方面投入得更多一些，把一部影视剧做得更精良！如果艺人和导演的酬金占了总投资金额的二分之一，甚至三分之二，那么制片人后面的支出势必就会缩减，整部作品的质量随之也不能得到保障。就像有些时候，我们看到一些作品会出现穿帮、演员搭配不协调等情况，往往可能是由于制片方在资金方面分配不合理而造成的。

每件事情都具有两面性，站在任何一个角度上都可以看到不同的结果，我们应该积极地去面对它，用客观辩证的角度去看待它，就能让我们在成长的过程中得到更多的智慧，带来更多的思考……

如何选择合作的经纪公司

艺人的发展需要经纪公司的包装、宣传和服务，当艺人选择一家公司时要看：

1. 公司是否具有合法性、正规性。公司内从业的经纪人员必须持有经纪人行业协会颁发的经纪人上岗资格证。

2. 公司要以诚信为准则，在圈内应有良好的口碑。

3. 了解公司目前自有的平台优势是什么？经纪人要有广泛的人脉关系，公司也要有广泛的影视、广告合作伙伴。

4. 经纪公司要具有包装、打造、宣传、策划、服务的整体能力，包括形象定位、角色定位、化妆造型、服装设计、媒体资源、能够定期为艺人拍摄宣传照，这些都应该有专职的团队。

5. 公司要对艺人有一份详细而周密的发展计划书，包括长期与短期的发展方针策略。

6. 公司要有和谐的人文环境，要有良好的为艺人服务的意识。

日渐规范的经纪人行业

经纪人的概念目前在我国部分地区仍旧比较混乱，还没有严格的制度或法律来规范，是一场没有规则的游戏。在越来越多的人意识到“经营”明星有着无法估量的经济收益的同时，也使这个圈子或多或少产生了一些浮躁感。这恰恰是不利于演艺圈经纪人行业发展的。

2003年11月14日，北京经纪人协会正式成立了。它作为经纪人自律性的社团组织，在发挥桥梁作用的同时，加强了行业的自律性，促进了行业的健康发展，它为全北京市的经纪人构建了一个温馨的家园！

北京经纪人协会会长刘健曾说，中国的经纪人行业不是现在才有的，据有关资料记载，我国的经纪人行业起源于西汉时期，不同发展时期的称谓有所不同。比如：“牙人”、“牙郎”、“掮客”等。新中国成立之前在上海已经出现了金融经纪公司。我国实行计划经济体制后，经纪人行业被国家明令禁止，经纪人行业随之在北京销声匿迹。随着我国实行市场经济体制和市场经济的发展，经纪人行业又开始浮出水面并迅速发展壮大。为适应行业的发展，北京经纪人协会于2003年11月14日正式成立。协会的性质是：经纪人自律性的社团组织，它不是经纪人行业的主管机关，因为按照国务院三定方案的规定，经纪人行业的主管机关是国家工商行政管理总局。北京经纪人协会作为行业自律组织，其职能是：发挥桥梁作用，加强行业自律，促进行业健康发展。为了加强行业的自律，协会成立以来，按照国家建立行政执法、行业自律、舆论监督和群众参与相结合的市场监管体系的要求，确定协会工作的定位。一是抓教育，努力提高经纪人素质；二是立行规，规范经纪行为；三是建立信用评价体系，奖优罚劣；四是组织交流，促进业务开展；五是开展调研，及时反映行业发展问题。

随着经纪人行业机构的成立，我们在为演员谈酬劳的时候也会更加规范与合理。像在好莱坞，每个演员是什么类别，演员的片酬价位等都是有规矩的，而且在这方面的管理也是非常严格的。比如，有人想邀请某个经纪人的演员参加拍摄，那么这个演员是按集收费，还是按小时，或者是按一部戏收费，都会有一个较明确的价格，就是所谓的明码标价。而制片人也会事先考察充分，如果是一线演员，那么他自己心里就大概知道需要支出多少片酬了。像在韩国、香港等国家和地区，经纪公司给艺人（新人）发的是工资和奖金，没有提成制。韩国经纪公司一般只签1～2名艺人，全公司都是为这两个人工作。他们的艺人在出名之前是愿意用这种方式合作的，随着时间的推移工资也会上涨，等合同到期后还可以再重新选择东家或继续与老东家续约，当然演艺的收入分成也会重新洽谈。

韩国的经纪公司很专一，他们通常没有影视制作公司为背景，是独立存在并开展经纪业务的，而韩国的电视剧基本全部是由电视台来投资。

除此之外，韩国的经纪公司为艺人的服务也是很专业的。我以前和韩国演员接触时，他们在拍摄现场往往会带着两名助理，一名是工作助理，另一名是生活助理。工作助理在拍摄现场会盯着监视器，对于拍到的不满意的镜头就会找导演直接交涉，谈想法与要求，这是非常敬业和专业的一种表现。

目前，我国巨大的演艺市场不断地培育出各种不同阶段的明星艺人，经纪人也随之成为一种时髦的行业。与此同时，有关部门对该行业做了一定的限制，开始实行经纪人需要“考证”才能上岗的制度。随着时间的推移，文化经纪事业的规范、规模发展将成为必由之路！

编　后：

经历，一笔难得的财富

文化经纪人，在未来的文化市场中，必将扮演一个十分鲜活的角色，必定要朝着职业化、规范化、类型化(专业类型)的方向发展。

未来文化经纪人行业的前景是与文化体制改革，特别是表演艺术团体的体制改革和整个社会经济关系的变化紧密相连的。我做文化经纪人的经历，让我拥有了一笔难得的财富。

1.转变了观念。认识到了与国际接轨的重要性，转变和强化了文化经纪业经营中的市场经济意识；

2.实践中学习。学习了谈判技巧，进一步掌握了谈判知识；

3.合作与斗争。学会了在合作中据理力争，保护自己的合法权益，在与高手合作的过程中借力实现自我快速提升；

4.理解了接轨。重在转变观念，创造品牌。

挑战篇

演艺经纪人如何面对新人挑战

迎接挑战，是一次理性的探索，是对生活的崇拜，是对真理的信仰。

迎接挑战，将自己置身于一种境界，一种攀上高峰不轻狂、跌入低谷不凄凉，矢志不移、宠辱不惊的境界。

迎接挑战，要有战胜它的信念，正所谓“欲渡黄河冰塞川，将登太行雪满山”，但定能“长风破浪会有时”。

听着枝头的鸟鸣，望着木棉新绽的绿意，感受着四周潮水般的挑战，我兴奋，我斗志昂扬。我知道该如何通过挑战来提升、历练自我。

挑战，是人生永远乐此不疲的欢歌。我常常鼓励自己：希望面对挑战，我能够把握机会，创造属于自己和他（她）的辉煌！

——徐建军——

难以置信的新人数字

几年前，人们习惯将我们称为“穴头”，是那些明星背后的人物，能在一夜之间招揽各类“星星”、“大腕”，颇有“呼风唤雨”的势头。其实，这些表面现象隐含着的是一份带有服务性质的工作。目前，中国大陆演艺经纪人市场与影视制作市场及演员市场的供需关系呈现的是供不应求。

2006年，全国上星电视台电视连续剧的播出量有10000集左右，制作量有13000集左右，这就是说每年都有将近30%的影视剧成片不能播出。这些“超产”的作品，不是推迟到第二年播出，就是质量存在着各种问题而导致不能播出。不难看出，在如此庞大的制作量面前，我们需要大量且有素质的演员。

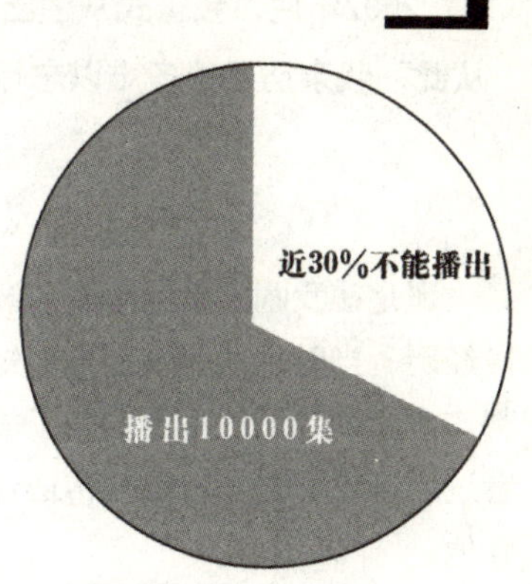

2006年制作量13000集

2006年，在北京“北漂”人数将近30万，并逐年呈现上涨趋势。另外，让人难以置信的是在浙江横店影视基地又出现了“横漂”！其实“北漂族”、“横漂族”不仅仅包含演员，它是一个在文化背景下，怀揣“明星梦”，只身闯荡娱乐圈的群体，他们中还有歌手、音乐制作人、主持人、画家、摄影师、模特等与艺术相关的从业者，他们是一群热爱艺术的人们。

30万的“北漂”人员，并不是固定的数字或群体，他们也在不断地淘汰和更新。他们实现梦想的载体都是以能够参与拍摄影视连续剧为主，有的“北漂”甚至接受过专业培训，积累了一些表演经验，具备一定的基础。除此之外，还有围绕在影视基地附近的群众演员，他们来自全国各地。“北漂”中还有主流学院的毕业生（如北京电影学院、中央戏剧学院出身的年轻演员），以及其他各类学院培养的不同类型演员等（如香港无线四虎刘德华、汤镇业、苗侨伟、黄日华，以及香港影视红星曾志伟、莫少聪、汤镇宗等创办的“东方国际影视艺术教育中心”，范冰冰、张国立等一些演员和导演开办的影视培训学校），他们大多都是精挑细选，并经过一年以上的专业训练，具备一定的表演专业水平。

新人的不断涌现，势必会促进娱乐圈和经纪人行业的发展，在从业的几年中我也经历了许多不同类型的新人，他们的成长带给我许多体验与启示。

我所亲历的新人

经纪人不要放弃任何给演员提供上戏的机会，尤其是要对新人有信心，演员也要靠自身的能力抓住每次机会。曾经与青年演员王东方的合作，让我备受感动、启示和鼓舞！经纪人与演员是相辅相成的，大家要共同努力，在机会中寻找成功。

2002年底，我正式从演出行业转入艺人经纪行业，成为了一名演艺经纪人！从此，我亲历了很多难以忘怀的事情。

《案发现场》初体验

那是在我刚刚做经纪人的时候，为新人田重接拍电视连续剧《案发现场》的一段经历。当时，从朋友那里得知一个剧组正在筹拍这部戏，我便辗转找到了该剧的制作方，从导演的手中拿到了故事梗概和人物小传，回到家仔细看了剧情和人物。看过后，我觉得，田重非常适合《案发现场》中警察唐辉的角色，便准备向剧组推荐他。

当时，还有一部古装戏正在筹拍，我同样也拿到了剧本。仔细阅读后，我觉得，古装戏的戏份不是很重，是一家新影视公司进行制作的，相比之下，《案发现场》的制作团队和播出平台是央视，收视率也会较高，所以毅然为田重选择了《案发现场》。几天后，我带着他赶往剧组与制片方见面，制片人和导演对田重的外形及塑造角色的能力非常认可，当即敲定此角色由他出演。

《案发现场》开拍后，很多场景需要在北京的郊区拍摄，当时正值隆冬，非常寒冷，为了在银幕上显得体态不过于臃肿，田重在拍戏的时候，穿得非常单薄，每天都在瑟瑟寒风中，冻得全身颤抖。他每天在回到驻地后，都要先喝上一些预防感冒的冲剂和姜汤，防止因为生病而耽误拍摄进程，这种负责任的态度是值得新人们学习的。

还有一次，为了“抢景”（有些场景，对剧组是有供应时间的），田重为了不耽误剧组进程，竟然两天两夜没睡觉，一直在拍摄现场认真配合工作人员进行拍摄。这些最初的感受，虽然时隔已久，却令我至今难忘！

《烈火雄心》与《国家行动》的启示

2006年9月，我为王东方接了在上海拍摄的电视连续剧《烈火雄心》。在这部戏拍摄临近尾声的时候，我们又接到了一部主旋律影片《国家行动》剧组的邀请。这是一部在中央电视台黄金时段播出的片子，讲的是三峡移民的事情，东方在戏里饰演一名移民工作组最底层的干部，这个角色非常幽默也很出彩，非常适合王东方。

那个时候，东方在《烈火雄心》中的拍摄进度已经完成90%，只剩几场戏。在同该组导演协调好后，东方顺利赶往重庆参加拍摄《国家行动》。

其实，这样做是有些不妥的。第一，演员身体吃不消。第二，对两个剧组都会有影响。如果，两个戏在同一时间拍摄，我们是绝对不会选择跨戏连拍的。当时，因为东方拍摄的《烈火雄心》已接近杀青，又不想错过《国家行动》中这样的角色，我经过反复考虑，协调好双方剧组的时间，并征求了东方的同意后，才与《国家行动》剧组签了约。

但是问题还是来了，当东方正在重庆拍摄《国家行动》的时候，在上海拍摄的《烈火雄心》却要提前杀青。他们要求东方赶回上海拍最后一场戏。情况紧急，我立刻同《国家行动》的制片人联系让东方离组两天，但剧组也刚好正在拍东方的戏，以至他无法离组。东方本人也积极找到了《国家行动》的导演，将情况告知，希望将他的戏推迟两天拍摄，经过反复协商，最终《国家行动》剧组同意东方可以离开一天。也就是说当天拍完《国家行动》的戏后，需要东方连夜赶往上海拍摄《烈火雄心》，拍完后再连夜赶回重庆继续拍摄《国家行动》。我心疼地问东方：“能否吃得消？”东方憨厚地说：“也只能这样了，我能吃得消！”

那天，东方一早从重庆驻地出发，驱车9小时山路来到龙潭的山上拍摄《国家行动》，收工时已是晚上21点。那时，天空下着滂沱大雨，当地根本没有出租车，东方为了完成第二天赶到上海拍摄《烈火雄心》的任务，全身都被淋透，他只好跑到老乡家，费尽口舌才请了两个司机交替驾车，在泥泞险峻的山路上连续行车近十个小时，赶到重庆机场时已是第二天早晨7点。顾不上吃饭和休息，他登上头班飞机赶往上海，从上海虹桥机场出来打了一辆车直奔拍摄现场，抢拍《烈火雄心》的戏。再一次高强度地抢拍到晚上，《烈火雄心》终于全部杀青了。当夜赶班机从上海返回重庆，下了飞机后又坐了几个小时的汽车，终于在第三天一早到达剧组基地。

探班《国家行动》拍摄现场
（左二：王东方）

那一夜，东方只是在回程的汽车上打了个盹，之后立刻投入到《国家行动》的现场拍戏。当时，他令导演和全组的工作人员都很意外，东方竟然真的能在三十多小时里跨越中国几个省市，航程四千多公里，历经险峻山路一千多公里，准时回到《国家行动》的拍摄现场，并保证了拍摄质量。在场的摄制组成员都不敢相信，并戏称王东方为“东方不败”，我在从事经纪人工作的这几年中，像年轻演员这种对待工作的态度让我备受感动、启示和鼓舞！

通过与新人互相磨合及共同经历，让我感受到了从事经纪人职业最初的那种兴奋，体验到了一种与众不同的激情。当经过自己的努力，成功地让一名艺人得到一个适合的主要角色时，我会得到前所未有的快乐，这便是初体验的快感！

每当看到新人们为了自己的演艺事业能够腾飞，而不辞劳苦地奔波时，我便会非常欣慰，我坚信，付出定会有回报！那段最初从事经纪人的日子，让我总结出：经纪人不要放弃任何给演员提供出镜的机会，尤其是要对新人有信心。演员也要靠自身的能力抓住每次机会，经纪人同演员是相辅相成的，大家共同努力，在机会中寻找成功！

签约新人的条件

签约新人是对经纪人的一种考验，这需要经纪人具备敏锐的洞察力和果断的判断力。

温柔恬静的“紫薇格格”林心如，一炮走红。若不是当年经纪人吴淑惠慧眼识才，百般阻拦，林心如早已随母亲远赴国外留学了。

章子怡的经纪人曾敬超与欧美制作公司交情不浅，并了解国际市场，因此对章子怡进军好莱坞有着明确的规划。他称：章子怡学民族舞蹈出身，身段灵活、腰肢柔软，是拍动作片的好料。果然，《卧虎藏龙》之后，章子怡的片约不断，并被看好为继杨紫琼之后第二个能冲向好莱坞的中国动作女星，于是“小巩俐”摇身变为“小紫琼”。

签约新人的范围：

- 中戏、北电、上戏等专业院校毕业生，各大院校表演专业的毕业生，以及其他表演培训班的学生。
- 活跃在银幕上的新人。他们不一定接受过专业院校的训练，但很有灵性，具备较高的悟性。

在我接触很多新人后，发现了一些选择新人的参考依据：

- 外形条件：身高、体重、容貌等，是否有星相。
- 内在条件：气质、文学修养、心态、目标等。
- 其他才艺：唱歌、写作、舞蹈、武术、乐器等。

每年，中央戏剧学院、北京电影学院、上海戏剧学院等影视艺术类专业院校都有毕业的表演系学生。演员的竞争也就越来越激烈。刚毕业的演员为了能得到更多的机会，往往会选择经纪公司或经纪人来帮助规划自己未来的演艺之路。

演员的自身条件（基础）是最重要的，这主要指的是外形条件。经纪人给剧组、导演推荐新人时首先展现的就是艺人的照片、图像和文字简介。

和谐的身高比例

从身高来讲，男演员的理想身高是180cm左右，女演员的理想身高是168cm左右。

因为，影视屏幕成像都是横向扫描，所以这样的身高比例比较合适，男女演员搭戏的时候，也不会存在不协调的现象。比如：女模特就不太好转入影视圈，因为她们的身高通常在172cm以上，这就需要与她们演对手戏的男演员身高在185cm以上，而且其他演员的身高也要相应提高才行，如此就会造成搭配的困难，毕竟像瞿颖与胡兵这样幸运的演员并不多见，而这也是为什么一些女模特转入影视圈发展不利的首要原因。

严格的相貌要求

上镜合适的脸形，在生活中都是非常消瘦的，对于新人来讲，保持面部的线条非常重要，不论是靠药物维持还是打针瘦脸，既然选择了这个行业，有时候必须要付出一些代价。

男演员的相貌要求是要有特色。上个世纪七八十年代需要的是浓眉大眼的美男子，但现在并非如此。影帝也并不是都长得非常漂亮，但脸部的骨骼一定要小，这样在镜头前是非常占优势的。四方大脸不适合上镜，因为镜头具有一定的扩张力，平时生活中观察合适的脸形，上镜就不合适了，一定会显得大些。最好只有巴掌大小的脸形最上镜，女演员更是如此。

女演员的相貌要求是要有特质。并非传统的美丽，应该具有能给观众留下深刻印象的条件。

如果经纪公司还希望将艺人向国际化推广，走国际路线，更要观察这个艺人有没有“星相”。“星相”是根据经纪公司或经纪人个人的品好、市场的需要不同来衡量的。比如：巩俐、章子怡刚出道时给观众留下了深刻的印象，接着走国际化路线。但如果一个艺人长得像巩俐、像赵薇也并不是好事，因为她缺乏了新鲜感，丢失了个性，也带有重复性。

现在，影视、唱片制作界业内人士普遍认为：娱乐圈更需要看上去外表清纯或单纯的形象，比如：黄圣依、刘亦菲等。

不可忽视的实用性

目前，国家广播电影电视总局对拍摄古装戏、年代戏有限制，以1949年为界，描写1949年以前发生的故事、事件的影视剧称为年代戏，之后称为现代戏。

广电总局还要求，年代戏只能占卫视黄金档电视剧播出量的10%，现代戏也要控制关于婚外恋、三角恋的题材，乡村戏题材的分量则有所上升。广电总局开会时指出，2006年收视率名列前茅的就是赵本山参演的《乡村爱情》，名人明星只有少量的客串，主要角色使用的都是新人。

因此，经纪公司在签约新人和挖掘新人时，也要考虑新人的实用性。有的演员，本身长得就很像上世纪30年代的人，如果在前几年会片约不断，穿上大褂就回到三四十年代的文人形象。如果当时接拍几部好的年代戏，从而有一些知名度和观众认可度，那么现在还可以转型，如果不好则只有割舍，因为近几年的制作大都是现代戏了，那种面孔就有局限性了。

注：根据以上三个方面，一个演员的外形条件很重要，就像现在歌手的概念也不一样了，他们也不只是歌唱得好，声音条件完美就可以，外形同等重要。歌曲在打榜的时候不仅要走电台，还要运用电视台、网络、平面宣传的方式，这时外形就起到了至关重要的作用！所以在签约新人时，经纪人要谨慎考虑新人的外形条件，签约前也必须考虑到市场和制片方的需要。

心态平和 持之以恒

在几年的工作中，我接触过不同年龄怀揣明星梦想的新人，发现选择新人最重要的一点，也是不可忽视的一条是：新人要有平和的心态，持之以恒的精神！

经纪人经过与演员的进一步交流，通过新人的言谈举止，要观察出他（她）的气质、性格和文化底蕴如何，以及持有怎样的世界观、人生观和价值观。另外还应了解新人如何看待这个演艺行业，他（她）想从事这个职业的目的是什么。

几年中我已经与几百名的演员交流过，通过了解他们入行的各种目的，发现他们有的只是怀有猎奇心态，抱着尝试的态度；有的认为演员是一个可以一夜成名、名扬天下的职业；还有的在空想未来成为影帝、影后的日子，他们这样的心态是不正确的。做演员尤其是新人，一定要能吃苦、耐得住寂寞，要做好一年半载没有片约的心理准备，要做好远离亲朋好友甚至“抛弃”爱情、婚姻的准备。这样说可能有些狠了，但只是想提醒有意致力于演艺这个行业的人要有充分的心理准备。

记得，我曾经为一个女演员面试的经历。那时候，她正在读中戏表演系三年级，各方面的条件出众。当我问她：“如果将来你有了一定的经济基础，并遇到了彼此相爱的男孩，他非常希望和你结婚，你会怎样？”女孩虽然找了许多理由不想结婚，最后还是觉得爱情是第一位的。其实这是无可厚非的，演员并不是不能结婚，谁都有爱和被爱的权利，只要做好保密，在适当的时候公告于众即可。但对于女演员来说，是不能过早交男友的（至少不能公开的交男朋友），更不能过早结婚

（至少不能公开），尤其在公众场合要注意自己的行为举止。我又问：“结婚后，如果先生一定让你转行，不希望你再做演员，你会怎样选择？”女孩又找出许多不改行的理由，最后还是尊重了先生的选择，决定离开演艺圈。

对于常人来说，交友、结婚是人生中最普通的经历。但在演艺圈，尤其是女演员过早地结婚生子、改行，无疑是对经纪公司的巨大损失。任何一家经纪公司都不希望看到自己包装打造的艺人改行，虽然有合约保障，但经纪公司、经纪人损失的不仅仅是物质，还会伤害到对这个艺人倾注的情感。

另外，现在还有很多新人把做影视演员作为踏板，并没有长远发展的意向。所以更要了解清楚女艺人当演员的目标是什么，会不会真正努力。因为，有的人就是想通过演几部戏来露露脸，这些对于经纪公司和经纪人来讲都是损失和伤害。

当你一旦有意向与某演员签约时，一定要了解清楚演员未来的打算。有可能演员会说谎，但这也是在考验你自己的判断力。上面提及的这个女孩虽然各方面很优秀，但我依然放弃与她的合作。

深度了解新人表演经历

经纪公司还要参考一些新人以往的表演经历。

目前，一些专业院校中的学生在毕业前已经接拍过影视剧了，这些作品以及他（她）曾经塑造的形象都要拿来看一看。大多时候，艺术是需要悟性的，有些表演专业毕业的学生实在是不敢恭维，当然大部分还是很优秀、很出色的。

有些新人还演过一些商业话剧，但是经纪人要考虑到话剧是生活的提炼，是舞台化的艺术，而影视剧则要求演员演得越贴近生活越自然，越本色越好。也正因如此，很多话剧演员在刚接拍影视剧时不容易被导演接受。更多的演员是通过影视剧表演而蹿红的，话剧的演出只是证明他（她）的塑造不同角色到了一定的境界和水平。因此，只有对新人的表演经历做深度了解，才能帮助他们准确定位、包装、打造、宣传，避免新人少走弯路，尽快地被观众认可。找到合适他们的角色和包装、发展、宣传的方向。

延伸性的才艺特长

对于一个全面的艺人来讲，影视表演只是他（她）的一方面才能，歌唱、主持、写作等特长也是极其重要的。面对演员多栖发展的要求，相信这样的新人也是经纪公司希望多合作的，并且艺人涉足的领域越广，影响力就越大，经济收入也自然会提高。

曾有个剧组要筹拍现代戏，讲的是音乐学院的故事，对女一号的要求是会弹钢琴，并且演奏水平能达到钢琴五级资格以上。当时我查看了签约的演员资料，遗憾的是没有这种特长的演员，所以这样的机会也就被错过了。

影视演员除了会演戏，具有专业的表演功底之外，最好还要能唱歌，就是所谓的演则优而唱，这是目前演艺市场的需要。比如：陈好、曹颖、陆毅等先例。一个艺人要尽量充分展现自己多方面、多元化的才艺，因为他（她）的歌迷、影迷的受众群体是不同的，也许他（她）不仅能有一万个影迷，还能有五千个歌迷，只有不停地拓展自己的才艺领域，广告商才会更看重你，增加了多接拍广告的机会。毕竟，广告所带来的收益是非常可观的，艺人的延伸性是指在其才艺无限拉长、不断裂的情况下，利用这种延伸性得到更大发展空间的一种能力。

由此可见，一个新人具备多方面特长，有助于他（她）演艺事业的腾飞，并能带来不可估量的商业价值。

接受公司培训的新人

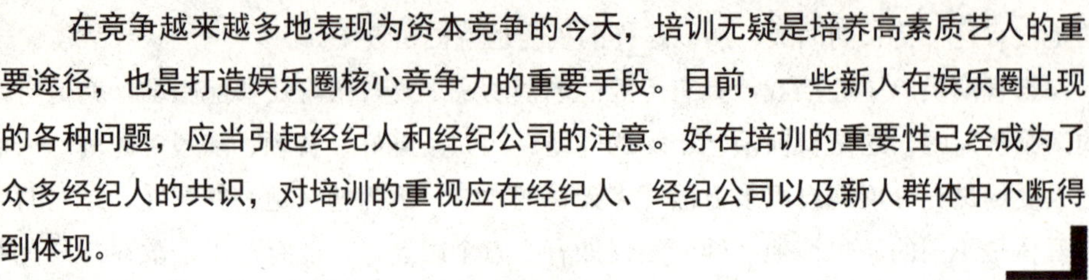

在竞争越来越多地表现为资本竞争的今天，培训无疑是培养高素质艺人的重要途径，也是打造娱乐圈核心竞争力的重要手段。目前，一些新人在娱乐圈出现的各种问题，应当引起经纪人和经纪公司的注意。好在培训的重要性已经成为了众多经纪人的共识，对培训的重视应在经纪人、经纪公司以及新人群体中不断得到体现。

新人培训要素

我认为，一个好的经纪人，往往就像“伯乐”，能识如“千里马”一般具有潜质的新人。此时就需要经纪人能根据新人的特征、市场需要等，对其开展包装、宣传等工作。除此之外，打造一个新人首先必须要做的是：培训！经纪人要让新人知道：

- 从日常礼仪入手
- 保持优雅的公众形象
- 保持清晰理智的头脑
- 保持活到老学到老的心态
- 学会承担社会责任

年龄与人品的重要性

新人的年龄要求是女艺人为18岁左右最合适，如果她到了30岁还不红，以后的路可能会需要付出更艰辛的努力。签约的时候，年龄小，签约年限长，对双方都有好处。比如可以尝试签5年、8年的合约期。这样经纪公司也愿意下大力气捧这位新人。签约期限较短，经纪公司肯定不会下大力气打造，谁都不希望“小荷才露尖尖角”，便被别人摘了去。

对于新人自身来讲，签约期限偏短的原因是对经纪公司不信任，想抱着试试看的态度尝试合作。这时有一种方式可以借鉴：双方合作的第一年为试用期，在此期间，如果双方均没有遇到大的分歧，感觉相互认可，在第二年合约可以正式生效。这种方式唯一存在的风险是经纪公司在第一年中，如果为这位新人接拍了一部好戏，但由于制作与播出存在的时间差，以至出现今年拍戏，明年才播，且明年试用期已过，双方未能继续合作的情况发生，经纪公司前面的工作也往往被枉费了。如果在第一年经纪人（公司）为艺人提供大量的拍摄机会和良好的服务，相信艺人在试用期过后会选择继续合作的。当然，经纪人的成就感体现于你所带的艺人知名度的一步一步提升。

此外，在第一年的试用期内还可以考察这个新人的人品，通过接拍角色，哪怕只是一些小角色，听听剧组对他（她）的反应如何。第一年中，经纪人通过与新人的磨合，综合了解他的品性，因为人品有问题就是离开公司也无关紧要。

人品的好坏，是签约新人中最重要的信条，其实无论做人还是做事，好的人品是成功的基础。

从日常礼仪入手

现在的新人绝大多数都是独生子女，小时候的生活环境很优越，自身条件也不错，所以容易造成基本的社交礼仪都不懂。

比如，我曾带着一个男艺人去见导演，之前导演已经对他有了一定意向，那次只是想再见面聊聊，感觉一下。一般这种情况下，双方如果接听手机，在没什么重要事情的情况下，都会抓紧时间说完或不接听，但这个男孩子却拿着手机和朋友聊起了天，肆无忌惮，当时屋里还有制片人、经纪人，一共四个人，他不是聊电话就是发短信，对在座的人员都很不礼貌,此时的影响已经不是演员一个人的问题，还会影响到经纪公司的整体形象。

有时，为了让演员与导演、制片人多接触，经纪人还会安排饭局，有时也会出现上述不礼貌的情况，使得对方觉得你特别不懂事，这些情况都是新人需要注意的，也是经纪人对新人日常礼仪方面的培训内容。

找出新人身上的弊病

作为新人，要特别注意一些细节问题，自身的各种弊病都会带来意想不到的后果，严重的甚至会阻碍将来的演艺事业发展。

在我刚刚带CY家族（Century Family世纪家族的英文缩写）这支新组合参加一些电视栏目录制和演出时，就发现了他们身上很多的弊病，这些毛病和缺点非常具有典型性。

记得，我们一起参加《明星记者会》栏目，全部是现场录制，观众和主持人一起对CY家族进行采访，节目编导举着提示牌，上面写着问题和进程，我发现CY家族的

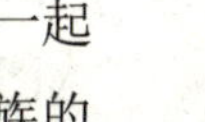

曹颖与CY家族参加栏目采访

表现不是很好，其中的一名成员总是有摸摸脸、捋捋头发的小毛病。于是我马上也用提示牌对他们进行提示，我举的牌子上面写着："把手拿下去！"栏目组的编导看见我的举动，开玩笑地问："你怎么也拿着一个牌呀？"事后我告诉CY家族成员说："你们到电视台做节目就要有形象，这些小毛病、小动作在摄像机、显示器前看，你们都不知道有多难看，就是因为这些小动作，你们的镜头全部让编导剪辑下去了，这么好的曝光机会，却得不到应有的效果啊！"之后，我就会用小摄像机把彩排录下来给他们回放，每次都会做好充分的准备。

海南歌友会彩排现场

还有一次，曹颖到海南参加歌友会，因为她的专辑《嘟嘟娃娃》中有三首歌都是同CY家族一同演唱的，所以CY家族作为表演嘉宾一同参加。在排练时都按照位置表演，因为是组合，每个人的位置是不能变的，严格按照彩排定下来的形式走。但在演出现场，一名成员擅自变动自己的位置，舞台效果造成了小的混乱。演出结束后我严肃地批评了这名成员随意更改表演方式的行为。

我发现，他们可能是因为机会来得太快、太容易了，所以跟不上节奏。我要时时刻刻提醒他们，比如过几天有一场演出，是他们要唱现场，那么就要告诉他们一定要练，要凭自己的真本事，要真唱，不能有一丝马虎！因此，作为新人，一定要注意平时的练习，及时改正自己的小毛病、小缺点。而作为经纪人，要不时的告诉自己：带新人的时候容不得一点疏忽。

新人更应该从签约后就保持统一的形象定位，包括头发的长短都不能随意改动。经纪人经常会拿着艺人的资料去谈戏和广告，曾经就遇到这样的一件事：我同厂家已经基本谈好了某洗发水的广告，包括价格、付款方式和拍摄时间。但一见到我的这个艺人却发现，她在回家过节的时间里将原来的长发削成了略短的碎发，同我最初提供给厂家的长发图片不一致。厂家不可能等你把头发再长起来或者通过接发来达到拍摄要求和效果，毕竟厂家看中的是艺人先天的头发发质，所以这个广告最后只能换人了。在接戏时，也经常会发生因为艺人轻易改变外形而失去机会的情况。

监督新人台前幕后的细节

带新人歌手比较累，甚至要监督他们在台前幕后的一些具体的动作，如果平时发现了一定要及时的提出。

比如，很多新人在录制节目的时候都会有口头禅，而且语言表达不完整，这会给他们带来很恶劣的影响。语言的表达对于一个艺人来说是非常重要的，如果他（她）啰啰唆唆的，表达不清楚，那么很多镜头都会被电视编导剪辑下去。语言的表达是需要技巧的，当你想要表达一件事情的时候，一定要先考虑清楚再去表达，如果表达不当会被别人取笑。我带CY家族做节目之前，都会很认真地告诉他们：不知道、弄不懂的事情千万别乱说话。

表达一件事情的时候，还要简单明了，想清楚才能说。比如，记者问CY家族成员："你们是怎么与曹颖认识的？怎么与曹颖合作的？"我们必须要有一个"简练套话"，很多东西应该是事先准备充足的。

曾经有一个关于奥运会的活动，邀请CY家族去唱歌，台下都是曹颖的歌迷，其中有个歌迷和CY家族成员打招呼，但他们却没意识到要回应歌迷，对Fans很冷淡。后来，在曹颖的电话号码被曝光的时候，歌迷们打过电话来反映：CY家族对歌迷的态度太冷淡了。其实，当时的他们根本不知道自己已经是公众人物、已经是明星了，似乎有点受宠若惊的感觉，组合里年龄最大的只有25岁，在这个圈子里也刚刚出道不久，所以很多时候，新人的确需要经纪人的扶持与提醒。那次，我告诉他们："以后一定要有热情、有耐心，只要人家和你打招呼，你就要有所回应，歌迷要求合影，也一定要积极的配合，要学会树立正面的形象，只要有机会就要同观众多交流。"

因为CY家族中的成员都是新人，如果现在不用功，给大家留下不好的印象，那么以后就很难改变了。我甚至发现，有的时候他们在后台也不够注意自己的形象。2007年8月8日，我们一起参加奥运会倒计时一周年的活动，我带着他们录制直播节目，在后台他们有些懒散，以至于工作人员把他们当成伴舞了。所以，作为艺人，不论在任何情况下都要保持良好的状态，绝对不能松懈！

为新人及时“补习”

补习是为了让新人在最短的时间内提高各方面的修养，迅速适应市场需求，尽快被大众认可和喜爱！补习内容通常有以下几点：

1. 专业知识。例如台词不过关，就应为新人聘请台词老师；舞蹈不过关，应聘请舞蹈教练。
2. 社交礼仪。关注新人的言谈举止，纠正他们的公众形象。
3. 媒体宣传。（详见本书“怎样教会新人答记者问”部分）
4. 文化底蕴。教会新人注重文化修养，尽量多地汲取各种文化精髓。

我带的CY家族，占尽了“天时、地利、人和”的便利条件，他们如果没有曹颖这样的明星来带动，他们在媒体面前曝光的机会会很少，录制歌友会也是件很困难的事。为了使我们的歌友会与众不同、为了让舞台效果更精彩，有几首歌要他们边唱边跳，我还为他们找了中国最好的Hip-Hop舞蹈老师来教CY家族舞蹈。果然，我们在参加各地歌友会的录制中受到了观众和节目组的好评。经纪人要做的是新人哪方面有问题，就要从哪方面补习。

为了让CY家族这颗新星不断进步，每次到各地做歌友会结束后，我都会召集CY家族开会，总结这次活动。往往会议结束的时候，已经是凌晨两点。每次开会对他们表现不好的地方我都会指出并严厉批评，然后再提出改进措施。CY家族的每位成员都能虚心接受，积极改进。要知道，现在的团体组合很多，我们要想有一席之地就要有出色的歌、舞，有精湛的表演，有良好的形象和气质。只有这样才能在这个圈子里长足发展。通过对CY家族一次次的引导，他们终于有了新面貌，在各个方面都很努力。

优雅的公众形象

不论在媒体前还是在公众前都不要发火，不管是新人还是“大腕，都应宛如优雅的绅士和淑女。

记得，冯小刚导演的家庭地址被网络曝光后，曾有一个精神病人常常堵在他家门口，这件事情令他愤怒异常，仅仅一次失态，就对他多年打造的公众形象有所损害。当时有人看到冯导情绪激动，开始有发怒、失态的倾向时，就应该及时制止、劝慰或让他消失于媒体镜头前，经纪人也应及时帮他处理这类突发事件。

再如曹颖，曾经传出她与助理有绯闻，当时也有其他记者打电话向经纪人询问此事。我答道：第一，很无聊；第二，澄清此事，不希望媒体对虚假新闻进行炒作。当时也有人建议是否要和这个媒体打官司，但我认为这件事情不宜炒作，越炒越对艺人不利，对于突发事件，时间可以冲淡一切。

其实无论港台艺人还是好莱坞明星，观众们应该关注的是演员所塑造的角色，而不是艺人本身的隐私。所以，作为经纪公司应有义务保护艺人的隐私，而艺人自身尤其是涉世未深的新人们，也应该积极配合经纪公司和经纪人。有时候，个别媒体只是想斗斗气，找点儿“花絮”，弄些“动静”，但艺人不应该“上当”或者因受气而上记者的“当”，不应该给他们创造不利于自己的新闻和绯闻的机会。

因此，新人们要知道的是既然从事了这个行业，首先要学会“忍”！对任何突发事件，一定只有“忍”，要学会由经纪人代为处理和发表言论。学会巧妙的保护自己的隐私。而作为经纪人，也要随时提醒自己的艺人注意公众形象。

三分努力　七分运气

新人一定要沉得住气，命运或运气也非常重要。以前不做经纪人的时候，我也不相信这一点，圈里都说：“三分努力，七分运气。”当然，这三分努力必须是百分之百的付出！

其中，男演员更是需要能沉得住气，特别是在大陆演艺圈，沉淀的时间长一些才能够厚积薄发。偶像派的男演员很少，知名的一线男艺人几乎都是30岁以上。像黄晓明、陈道明、陈宝国、胡军等，男演员拼的都是文化底蕴。

虽然港台在打造男演员的时候，会普遍先将新人定位为偶像派，那是因为观众群和文化氛围需要的就是青春偶像，但是当他们年纪大了，往往就会失去光芒，也正因为如此，才出现越来越多的港台演员来到大陆发展的现象，而且很吃香。

例如出演《一剪梅》的寇世勋老师，我从著名制片人阮小姐（台湾四大制片人之一）那里了解到：那时的寇世勋已渐渐淡出了人们的视野，经纪人在台湾和大陆分别帮他接了戏，但后来还是选择了大陆的《橘子红了》，没想到当初每集几千元的片酬如今已经上升到每集几万元。

再比如，最近在娱乐圈蹿红的新人王宝强，很多人会发现，自他从影以来每拍过的作品都会使其人气和经验得到明显的上升。从《天下无贼》、《暗算》、《士兵突击》再到《集结号》。每一部都是赚个盆满钵满。广告代言也一个接一个，连华谊兄弟老总王中军都表示王宝强的身价已经直逼一线明星。所以说作为艺人和经纪人都应沉得住气，要相信付出必定有收获。

活到老学到老

毛主席曾说过“活到老学到老”，尤其对于新人来讲，如果文化底蕴浅薄，会有障于对角色的理解。学习各方面的知识，是提高年轻演员全面素质的重要工作之一。

比如，演员张蓓蓓在饰演《功勋》中日本女孩坂垣惠子的时候，她做了大量的前期准备，不仅观看了大量的日本影视剧，甚至还几次跑到民族大学里和日本女留学生一起参加校园活动，一起吃饭，细心地观察现代日本女孩的言行举止。除此之外，为了更深入地了解1945年前苏联拟对日开战时期，日本女孩来到中国的心理变化，张蓓蓓一次次跑到图书馆，翻阅了大量史料仔细研究和了解二战时期动荡的日本国……这些都为她能够饰演好《功勋》中的角色奠定了基础，而且对于艺人来说，这样的做法也是在工作的同时进行了学习，只有活到老学到老，才能得到积淀和积累！

《功勋》剧照（左：张蓓蓓 右：柳云龙）

艺人的敬业与承担社会责任

在有的人眼中，“工作责任”、“社会责任”就像是一只只皮球，拼命往别人身上踢，却忘记了它们也是自己应尽的本分。作为一名艺人、一个公众形象，应当起到带头作用。要认真卖力、充满虔诚、全身心投入地去干演艺事业；更要明确社会是介乎于家与国之间的，社会责任也是人与人之间应当负担的责任。因此，艺人应该愿意为自己所钟情和信奉的事业付出，并勇于肩负承担社会责任的担子，而新人可以借鉴以下两位艺人的经历，看看她们是如何在工作中体现敬业精神和承担社会责任的。

记得，陈小艺出演《半路夫妻》的时候，她对将要塑造的角色非常认真地投入。由于从来没有了解过片警的工作内容与生活方式，陈小艺要求经纪人先安排她进行角色的真实体验，在认真揣摩角色后，陈小艺被片警们不辞辛苦的工作态度，以及为人民服务、舍小家为大家的精神深深打动，她觉得应该把这些故事真实地表演出来，让所有观众都看到。当时，为了能进西单派出所实习，她甚至专门找到相关领导开了证明。由此可见，陈小艺作为一个艺人端正、认真的工作态度，是值得所有新人学习和借鉴的。

《半路夫妻》剧照

再如，何晴演绎的电视连续剧《迷网》，剧情讲述的是青少年对网络游戏和黄色网站的迷恋，很多青少年的犯罪活动也由此引发，为了上网玩游戏去抢劫，更有甚者猝死在网吧。这些都深深触动了何晴的内心，她觉得自己有义务塑造好剧中教师的角色，用自己的努力去教育深陷网瘾的孩子们。她当时对我讲，其他条件都可以先放在一边不谈，一定要塑造好老师这个形象。为此她提前十天赶到剧组为她安排的学校去实践。责任感和使命感是艺人必备的，因此，当一个艺人有了一定的影响力时，就应该承担更多的社会责任！

何晴与《迷网》导演讨论剧本

包装新人的要素和经验

新人需要经纪人的包装定位。韩国的艺人层出不穷，原因之一就是经纪人在不断包装新人。几年前，还是新人的徐静蕾和周迅，就是通过经纪公司的准确定位与包装，才得以被大众接受并喜爱的。银幕上的徐静蕾，清新雅致、气质脱俗，绝对的都市淑女。其实她在生活中非常随性，不爱化精致的妆，完全不是很多男影迷心中的“梦中情人”形象。

而周迅是很有灵性的演员。很多戏里，她都以清纯可人的小女孩形象示人。那仍然是经纪公司包装后的商业效果。如何包装、打造新人有很多方式，许多经纪公司也都在探索、摸索中，目前还没有一个明确的方式或模式。以下讲述的，只是我个人在近几年演艺经纪中得到的一些借鉴、体会和总结。

韩国对艺人一条龙包装的成果

记得，2005年新年伊始，为了迎接韩国偶像——安七炫、宝儿、“东方神起”，来自上海、江苏、浙江等地的歌迷们一大清早就聚集在了上海浦东国际机场，拉起了横幅，扯起了海报。尽管他们并不知道韩星们的具体行程，但面对长时间的等待，他们没有抱怨，只是手捧鲜花、礼物，一方面向机场人员打听着韩国航班的降落时间，一方面尖叫着偶像的名字，那声音足以划破冬日里寒冷的天空。

一名保安见状不解地嘟囔道：“这些花花绿绿、奇奇怪怪的韩国小孩子到底有什么好看的？”说韩星们是“小孩子”，从年龄上讲，一点也不过分。韩国男生组合“东方神起”当时的五位成员，年龄最小的只有17岁，最大的也不过19岁。但就是这群脸上带着羞涩表情的“小孩子”却令现场观众一片倾倒，所到之处满是尖叫声。

从当年的“HOT”组合到今天的“神话”、“东方神起”、“天上智喜”等音乐组合，韩国偶像在中国的火爆多少有些出人意料。那么，韩国人究竟是怎样包装新人的呢？我认为他们之所以能够让新人迅速蹿红，是因为他们在推出新人前，做了大量的准备工作，并不急于求成。

韩国人的不急于求成

10年前，当韩国和中国的青少年们同样陷于“哈日”狂潮中时，韩国娱乐业尚处在发展的初级阶段。在此后的3650天中，韩国娱乐产业形成了一套相对完善的运作机制。把印有“韩国制造”的明星们推向全世界已经成为了韩国人的拿手好戏，而在把握时机完成由“哈日”向“哈韩”的转变过程中，韩国娱乐业更是获得了丰厚回报。

我曾了解到，拥有安七炫、宝儿等韩国红星的韩国S.M.Entertainment公司（以下简称S.M.公司），之所以能成为韩国最具代表性的综合媒体娱乐文化公司，是因为他们的新人培养机制，也就是所谓“造星系统”很成熟，这是整条产业链中最重要的一环。

在S.M.公司里专门设有选秀组和训练新人的“Starlight Academy”机构，公司每年要举行两次大规模的选拔大赛，每星期要举行一次内部选拔会。以当时红遍亚洲的男生组合“东方神起”来说，其5个成员全部是通过S.M.公司的新人选拔训练机构被挖掘和培养出来的。起初，他们分别在5个不同的组合中担任队长，通过不断的培训与选拔，才得以形成梦幻组合——“东方神起”。

安七炫

与之相比，国内一些演唱组合尽管也经过了层层选拔与巨资包装，但他们中的大多数在摸爬滚打数年后，却始终默默无闻。

宝 儿

记得，香港著名制作人、浩瀚电影娱乐有限公司常务董事钟再思颇有感触地说：“我们并非在歌艺、形象上做得不好，相比较，韩国的‘造星系统’要比中国完善。在选拔新人上，韩国娱乐公司选秀的目标非常明确，从一开始策划到后期培养，都有一个长期完整的计划，比如‘小天后’宝儿刚入娱乐圈时，S.M.公司就对她进行了严格的舞蹈和歌艺训练，‘雪藏’了两年多，才将她推向市场。而国内包括香港的娱乐界，在打造新人方面似乎有些急于求成。一个新人包装一下就推上市场，能红则红，若不为市场接受，则只有昙花一现了。”

韩国融入地域元素的方法

韩国人的偶像输出经济已经闻名于世。在中国，着迷于韩国偶像者早已不仅仅局限于那些尚处在求学阶段的少男少女，更多的白领与家庭主妇也加入到了这一行列中。

我常常注意到，一些韩国年轻艺人在表演现场，会用中文向观众问好，并介绍自己，随后还会演唱中文歌曲。由此，我不得不佩服韩国人准备工作的细致与充分。

在进行海外推广时，日本的歌手和他们的音乐里含有很多日本化的东西，所以进入别的国家时，在公众接受度上会受到一定的影响。而韩国，从一开始就致力于制作适合整个亚洲市场、符合亚洲年轻人追求的音乐。此外，在包装和推广艺人之前，韩国公司通常会不惜花费时间仔细分析当地基本文化、音乐等各种流行元素，把它们融入到韩国艺人中，从而最大限度地规避风险。

与其他产业规律一样，高成本势必意味着高收益，韩国人在不惜花费高昂运作成本包装偶像之时，同样获得了羡煞旁人的收益。

韩国在瞄准临国市场

在进行偶像输出的同时，精明的韩国人显然意识到了中国市场的美好前景。于是，他们开始紧锣密鼓地实施自己的中国计划。

记得，央视海外剧场曾播出的中韩合作电视剧《北京，我的爱》即捧红了此前默默无闻的中国女演员孙菲菲。孙菲菲的走红带有明显的韩国烙印，她在剧中的形象不仅美丽温柔，更带有标志性的韩国表情。正是这部电视剧使得孙菲菲在韩国赢得了2万多的影迷，中国影迷的数字尽管难以统计，但应该只多不少，而这仅仅是孙菲菲本人演艺生涯的开始。

我认为，中国的娱乐市场将会成为世界上成长最快的市场，而韩国的娱乐经纪公司具有一定选拔和培养包装新人的能力与经验，因此他们希望能够联合中国相关公司，在中国培养出世界级明星。显然，电视剧《北京，我的爱》的商业战略即为制造中国偶像。

本土的豪华经纪包装

记忆中，在2006年6月，某文化经纪公司的三名新人江一燕、梁大维、张铮赴日观摩滨崎步巡回演唱会，就此拉开了本土化豪华经纪包装新人计划的序幕。

2007年，该文化经纪公司正式提出“豪华经纪”的概念，计划每年投入数百万元，陆续选派十位新人去海外进行语言、形体、舞蹈、声乐等全方位学习，每位新人的学习时间为一年。对此新人包装方式，业内人士都有所保留。在他们看来，海外艺人的培训机制容易造成这些新人的水土不服。但某些业内人士却表示，就应该从一开始给新人定下“国际化的道路”，让新人尽早在成熟的国际化艺人培养机制中逐步走向亚洲乃至国际。我觉得，豪华包装是否可行，还有待于用结果和成绩来说明。

滨崎步演唱会

选秀潮退后的新方式

近几年来，随着“眼球”经济的升温，各种各样的“选秀”、“新人奖”评选活动花样翻新，层出不穷。但是，这些活动大多出于作秀、盈利的目的，也注定这样的活动会逐渐失去市场。

然而，影视娱乐行业的繁荣发展，的确需要新人辈出。记得，影视资源网、《星库》杂志曾经联合搜狐网、亚太东方卫星网络通信公司，共同发起《2004•中国影视百名新人榜》活动，当时他们以为影视娱乐行业和年轻演员办实事的态度，创办了一种可持续性的新人推荐方式。

对于剧组来说，最难选的就是由新人出演的角色，由于不熟悉、不了解，每个剧组都必须面试数百个演员，才能确定最终人选。因此，他们决定编辑出版《2004•中国影视百名新人榜》，它将收录当年制作或播映的影视作品中涌现出的100名新人，推荐给影视公司、摄制组、导演、制片人，在新的一年中重点考虑与他们的合作。

统一目标 统一口径

笑星吴孟达

除了以上的这些方式之外，包装新人方面，不仅要考虑他（她）的性格等因素，还需要给他(她)一个恰当的定位，这样在接戏的时候就会具有统一的目标，宣传方面也会有统一口径，而观众也更容易记住他（她）。现在，一些新人在接戏的时候宣传口径并不统一，使观众对他（她）无法产生深刻的印象，这显然是不对的。

比如，公司给王东方的定位是大绿叶。虽然，每一部作品都需要男女一号，确实少不了主角，但也绝对少不了充当树叶的配角；又比如，香港非常成功的男演员吴孟达，他在哪部戏里是男主角呢？但他演的男配角一样非常出彩。所以，有的演员需要度身定位，不可以为了打造影帝、影后就忽略了他(她)自身的特点。

一致的包装形象定位

新入行的艺人是可以改名字或起艺名的，目的是让影迷、歌迷过目难忘，但已确定的名字最好不要再做更改。经常改名字对艺人本身不利。比如Fans想在网上搜索寻找艺人资料时，修改的名字就会找不到，这样等同于丧失了以前的资源和宣传。就像成龙大哥，虽然用的是艺名，但是非常成功。同我合作的青年演员张蓓蓓，艺名：桐儿，曾经为了更改名字的事找到我。我在网上用google搜索她准备启用的新名字，结果没有显示她的任何拍摄过的影视资料。于是，再搜索“张蓓蓓”的名字，立刻出现她曾经拍摄并播出过的多部影视剧。我对她讲如果我向导演、制片人推荐你，他们一定会上网搜索你的情况。你改用的新名字搜不到你以前饰演过的作品时，对方就认为你是位没有演过任何影

演员张蓓蓓

视作品的新人，这样会失去很多机会。我开玩笑地讲：“出名要趁早，改名也要趁早。”

对于一个艺人来说，还有一点是非常重要的，那就是当他（她）一个人在家时（要关好门、拉好窗帘），他（她）才能是一个真正的自己，但当他（她）走出家门，走到大街上，走在公众面前，他（她）就是一个艺人。

我们都知道，香港的狗仔队就是专门拍摄艺人隐私的，也许他们现在偷拍的只是新人，但新人一旦成名了，以前拍摄的那些不堪的影像都将成为“资源”被爆料！就像周星驰在成名前的一个镜头狗仔队都能翻出来。因此，无论新老艺人，平时都要注重自己的形象，千万不能蓬头垢面不加修饰就走在大街上。如果有影迷或观众看到这些，都可能会让艺人失去他们。

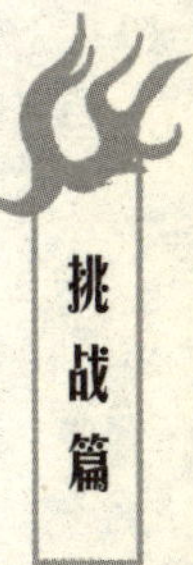

新人与经纪公司的合作

“每一个成名的明星后面都有一位默默奉献的经纪人。”香港艺人张国荣每次演出，总不忘在台上感谢从出道伊始就一直做他经纪人的好友陈淑芬。对明星们来说，选择一个合适的经纪人可谓成功的一半。

经纪公司、经纪人与艺人之间，在签约时就应该有足够的坦诚度和公平性。同时，在合作的过程中，更应该强调双方的“艺德”，才可以合作愉快。经纪人与艺人之间应有良好的沟通，其关系就像谈恋爱需要相互磨合，双方的目标应是一致的。

经纪人应随时与艺人沟通

▲ 经纪人和艺人一定要是很好的朋友。

▲ 经纪人要随时了解艺人的思想动态。

▲ 及时注意艺人的外形改变，叮嘱艺人不要随便改变发型等。

▲ 提醒艺人减肥、健身、美容等。

▲ 关注艺人情绪的变动。

推荐新人如何入手

我认为应该从尝试推荐与新人自身性格相近的二号、三号角色入手。

如果将要确定与一位新人合作，就要做好长期规划。深入了解他（她）的外形、性格、血型等特点。在接戏时，尽量寻找一些与他（她）本人性格相近的角色。现在，很多演员都是在演自己，如果诠释一个与自己性格反差很大的角色是非常难的，尤其对于新人来说。其实，合适新人的二号或三号角色，都会很容易给观众留下深刻的印象，是一条让新人快速被观众认可的捷径。导演也会根据经纪人推荐的演员，来感觉他（她）是不是在自己的剧中想找的那种类型，如果经纪人在还不知道人物角色的情况下就一味的推荐是非常不专业的行为。这就要求，经纪人在递资料的时候要考虑到自己的艺人适不适合饰演这个角色，这样递过去的资料才会有效果。现在不少导演或制片人会先把剧本给经纪人看，也是这个目的。

经纪公司应签约不同类型的新人

现在，经纪公司签约新人的类型也会有所差别，不能都签同一种类型或相近类型的演员，应该男女老少各年龄段的都有。如果外形和性格太千篇一律，就容易出现矛盾，让谁演不让谁演都不太合适。经纪公司要提前对剧本进行分析，也是为了看看自己的哪个演员更适合这个角色，这同样是对经纪人的考验。

应考虑以下几种类型的艺人：

类别	年龄	类型
男	23～50岁	青春偶像型、实力型、个性型等。
女	23～50岁	大青衣型、花旦型等。
少	18～23岁	女孩年龄尽量小，发展前途才会大； 男孩要有个性，发展空间才会大。
老	50岁以上	小有知名度或脸熟的老艺人。

把握剧本 学会四看

一看这部戏的制片人及导演是谁？因为优秀、经验丰富的制片人、导演，相当于已经对剧本进行了把关，一定是不错的题材，否则导演也不会接拍；

二看剧本中的人物，看看是否与自己艺人的定位一致，看看剧中其他演员的知名度是否能有助于帮助提高自己艺人的名气等；

三看制作公司，调查一下该公司以前拍过什么戏，具备怎样的成熟度；

四看演员的阵容，通过了解一号演员的知名度就能看出这个剧组的实力，推断出会不会出现半途夭折的情况。

我带的演员王东方出过这样 件事情，那是他毕业的学院投资拍摄的一部戏，是由东方的老师做导演并饰演其中的角色。对制作公司方面，并没有深入了解，只是因为师生情面的问题才接了这部戏，结果可想而知，不仅戏只拍到一半便半途而废，而且劳务费也只拿到了当初预付的40%的订金。这些经历都是要告诫经纪人和新人，在接拍一部影视剧之前，一定要慎重选择，多方考查。

与经纪公司的合作方式及年限

艺人同经纪公司的合作方式通常有两种：一种是一般演艺代理合作方式；另一种是全职演艺代理合作方式。

一般演艺代理合约，通常是艺人与经纪公司间较松散的合作方式。即经纪公司只帮助这种合作方式的艺人向剧组、广告公司、演出公司（以下简称“客户”）推荐，如果有合适的演出机会，经纪公司便代理艺人洽谈酬金、档期等事宜，并提取相应的代理费用。

如果，客户直接找到艺人本人合作，那么艺人可以不经过经纪公司自行接洽。通常经纪公司不给一般代理合作的艺人进行宣传、包装。一般演艺代理合约的合作年限通常为一年。合作到期时，可以选择续签或终止，代理费用也比较低。

全职演艺代理合约，通常是艺人同经纪公司呈紧密的合作方式，即经纪公司要全权代理所合作艺人的演出联络、宣传、推广、洽商等各类事务，相应的各类酬金、支付方法及艺人其他商业活动、社会活动的相关事宜都由经纪公司出面洽谈。

如果客户直接找到艺人本人合作，艺人是不可以自行接戏或从事其他演艺活动的，必须由所签约的经纪公司出面洽谈并收取相应的费用。通常经纪公司会为全职代理合作的艺人进行宣传、包装、推广等工作，以提高艺人的知名度，从而取得更大的经济收益。

全职演艺代理合约的合作年限通常比一般演艺代理合约的合作年限要长，这也要视艺人与经纪公司商谈的情况而定，三年、五年、十年或更长的都有，代理费用也比一般演艺代理合约的代理费用要高。

艺人与经纪公司签约时不必支付任何费用，经纪公司的收入来源主要是通过与客户的联络从而达成合作，并从艺人出演的角色或接拍广告、参加各项活动的酬劳中提取代理费。所以任何剧组或经纪公司与艺人签约时要求他（她）支付包装费、角色推荐等费用都要谨慎。

2004年，央视二套《为您服务》栏目曾采访到我，谈到一家文化公司以应聘演员为名，让演员支付拍照费及存档费用。这样的文化公司基本上都是以剧组招聘演员的名义收取应聘演员的费用后一走了之的骗子公司，所以，个人见组的演员遇到这样的情况一定要慎重。

新人的宣传方式

在大众文化的消费链上，艺人和娱乐媒体一直存在心照不宣的“潜规则”。正所谓一荣俱荣，一损俱损。艺人宣传必须依靠媒体，而媒体也必须随时掌握艺人的最新资讯才能让读者买账。

当今的媒体宣传尤为重要，它能对艺人的作品起到推波助澜的重要作用，尤其能迅速提高新人的知名度。媒体宣传方式通常分为平面宣传、网络宣传、电视宣传及其他终端媒体宣传。

提高关注度的常规宣传

常规宣传主要是指对旗下艺人平时的动向的一种曝光。如艺人目前正在参与哪些影视剧的制作，参加哪类时尚活动、公益活动等都要进行报道，增加媒体及观众对艺人的关注度。

新人在和经纪公司签约后，并不需要一开始就做宣传，除非是和知名艺人同时做签约宣传，而且必须找好宣传点。正面的宣传包括参加一些时事性的宣传，像奥运会题材的活动，关注点都是极高的，制造出更多在媒体面前曝光的机会。此时在没有拍戏的情况下，这些活动的参加就会容易找到一些宣传的新闻点。多参与公益性、时尚性、环保等话题的活动。这些都是提高关注度的常规宣传范畴。

关注度的重要性在于要有新闻热点。关注度的高低在于事件的很多层面因素，常规性的则多是公益活动类。参加公益活动有很多种，新人也许不会有太多的资金用于捐助，但可以拿出自己心爱的物品或者用自己的特长来表达爱心。记住，只要参与了，就是一个好的开始。

提高知名度的重点宣传

重点宣传是指对某艺人参加重要的影视制作或正在播出影视剧时的宣传。

2007年初，周知参演话剧《西望长安》，与著名影星葛优同台演出，并出演女一号。这是个非常好的宣传点。得到消息后，大家非常支持周知参演此剧。虽然演话剧很苦，收入又很少。但是这却是一个提高知名度的机会。

当时，我与工作室的企宣的同事们开了几次策划会。因为话剧《西望长安》的女一号是葛优钦定的，最终以“葛女郎”的定位向媒体报道。在运作上，最初的话剧宣传中我们都不让周知露面或很少露面。在演出的前一天，我们准备用主流媒体大版面的宣传来报道此新闻点。遗憾的是由于当时企宣的负责人人事变动，致使此次宣传的力度不大，没有在主流媒体做更大文章，以致没有达到预期的效果。

探班周知北京首演《西望长安》

重点宣传的时候，导演和制片方都会较早知道此剧的播出时间，另外也可通过电视台或网络等方面预知这些消息。在重点宣传方面：要有通稿、演员的基本情况、剧组花絮等。

我会先预约杂志媒体，因为杂志的制作时间比出刊时间往往要提前1个月甚至更久，这样可以抓住杂志社的时间差；然后是电视台的栏目组，只要是置后发行的媒体，都需要提前联系、确认。

此外，还应再配合剧组方的宣传。剧组对外宣传时会力推剧中知名艺人的消息，这样会加大宣传力度，吸引读者、观众的眼球，因此经纪人一定要先和制片方仔细沟通。影视剧上映前，都会组织一定规模的新闻发布会，这种活动一定要参加，不要觉得媒体采访的都是大腕，与自己关系不大，其实对新人来讲是一个很好的锻炼，可以从中学到很多的经验。

当这部影视剧热播的时候，经纪人应该再找一些宣传点，重点发布即时性的消息。联络主流媒体，即使花一些宣传费用也都是应该的。

这时所发布的稿子，一定要统一宣传口径，但文章主体内容和花絮可以有一定差别，这样也能满足媒体对多样化的要求。另外，此时经纪公司企宣岗位的工作是挖掘出艺人更深层的东西，同时再配合剧组做好这部戏的宣传。

高明操作的事件宣传

事件宣传是指遇有突发事件的宣传，制造宣传点并抓住时机进行宣传。

2007年，曹颖被2008北京奥运组委会授予奥运吉祥物福娃妮妮的“代言人”。我们抓住这一事情的新闻点,在参加完新闻发布会后立即接受了主流媒体的采访，使之得到了更广泛的宣传。

如果需要特别炒作的艺人，可以配合一些时效的焦点问题，例如像黄健翔离开央视事件,这些都是可以炒作的卖点。在这种特殊炒作中是有两面性的，它的利弊特别明显，如何能把握好后期事件的发展方向是运作特殊炒作的关键之处。

曹颖是福娃妮妮的“代言人”

关于特殊方式的炒作，我个人并不反对。特殊事件的炒作需要幕后高手的运作，一定要做得高明，所谓高明就是让所有人都看不出这是在炒作，这一招港台的同行是我们的老师。

百集动画片《福娃奥运漫游记》“代言人”合影

在这里，我们可以谈谈黄圣依作为新人的时候与周星驰的纠纷。自从2001年黄圣依签约星辉公司之后，人们都认为黄圣依走上了一条坦荡的星途。《功夫》女主角、“星女郎”这一连串的光环都笼罩在了这位当时还在北京电影学院上学的黄圣依身上。但是据报道，在黄圣依光鲜亮丽的背后，她却表示自己一直在忍受着公司对她的“压榨”。当时，就在黄圣依即将从北京电影学院毕业的时候，却接到公司的通知，星辉公司要求她拍摄一部电视剧。为了能顺利从学校毕业，黄圣依甚至到香港找到了公司的高层提出请求。但是，星辉公司却告诉她，必须要签约（电视剧），否则不能出这个门……于是，黄圣依宣布了与周星驰从此“决裂”！

这场纠纷正好发生在黄圣依没有片约的那一年，但是她却因为这件事情，人气飙升，不仅没有淡出人们的视野，反而倍受关注，这其实就是高明操作的事件宣传，是炒作的方式之一。

除了上述三种宣传方式外，还存在下面几种女星成名走红的方式，即选秀、获奖封后、开博、绯闻、怀孕生子、扮纯、丑闻、当评委、性感、与名导名剧结缘等。

涉足新生媒体进行宣传

当然，对于新人的宣传规划需要有长期和短期的不同方式，这时经纪公司可以请来合作过的导演、制片人以及娱乐宣传方面的媒体、记者朋友，甚至包括音乐制作人都可以一起来探讨参谋，主要是根据下一阶段需要制作的影视剧和现阶段的艺人宣传方式来制定切实可行的宣传方案。

新人是一个经纪公司的未来利润增长点，合作年头长、分成比例高就在于此。例如对于五年规划来讲，除了目标路线不变外，前一两年内的工作是最关键的，包括对艺人的各个方面都要规划仔细，甚至对演唱的声音、影视剧制作时的形象等方面都是有要求的。

另外，经纪人对新生媒体也要重视，比如未来的3G手机电视，手机的使用人数已经有三亿人，其特点是打破了传统的观看地点，只要有手机即可观看，不受环境的影响。手机电视和电视台节目是同步的，只是速度稍慢一点，技术仍在解决之中。

未来视频短信将是一个现代化的宣传手段。比如，春节期间大家都是靠文字发手机信息传递祝福的，但是当3G业务全面发展后，大家就可以通过视频来互发信息了，它的传播范围和速度是惊人的，艺人可能会借此一夜走红。

以老带新的新方式

以老带新通常会为新人带来更多上镜、宣传、演出的机会，从而使他们的知名度得到尽快提升，并早日被观众认可和喜爱。

2007年下半年，我一直在忙碌曹颖第二张专辑的宣传、推广，再有就是CY家族。因为CY家族是新人，所以我会尽可能多地带他们参加节目录制和一些活动。

CY家族成员合影

CY家族里的小白，是曹颖主持金鹰造秀的人气冠军；小忧是曹颖拍的《群英会》这部电视剧里的男二号；小米曾是连续三届获得全国街舞冠军，并代表中国参加欧美街舞比赛的选手。他们不仅都会跳舞，而且长相也很有人缘，歌唱得也不错。CY家族的每位成员人品都很好，大家又很熟，所以就想用组合的方式给新人一些机会。至今几场歌友会下来，团队合作得也越来越默契了。

其实，CY家族就是以曹颖的知名度来迅速让大众认识的，这是一种快速方式，也是一种立竿见影的宣传方法。现在，我带曹颖出去做节目的时候，如果不带上CY家族，我们不会去，这就是在为CY家族争取更多的曝光机会。

在娱乐圈里，像CY家族里的歌手，如果没有名人带着的话，他们的发展速度将很慢，并存在随时解散的可能。因此在这个圈子里以老带新就像以父带子，如果没有成龙力捧他的儿子房祖名，如果没有曾志伟带着他女儿曾宝仪步入影视圈，这些人不会那么快的走红！因此通过明星带新人也是个很好的方式。

怎样教会新人答记者问

当新人面对媒体时，有些艺人会认为自己面对媒体会不会过早，毕竟还没有什么作品，大家也都不熟悉他（她）。经纪公司在做新人培训时，还是应该先教会新人如何面对媒体，并且可以把比较经典的记者访谈节目播放给他们看，对于如何回答一些记者的提问，更早地做到心中有数，通过看娱乐新闻录像让他们自己来分析，并学会规避一些问题，巧妙回答一些问题，经纪人可以同时在旁边做指点。这样可以有效地让新人做到心中有数，避免出现尴尬的情况。

另外，艺人平时也要多学习一些文化知识，避免出现“露怯”的现象。比如有一次某香港艺人到广东佛山去做代言活动，记者问他对佛山印象如何？他说吃的东西味道很好，记者又问他黄飞鸿怎样？没想到他却来了一句：他是很有名的厨师吧？当时大家都笑了，他感觉情况不太对，又补充道：那他（黄飞鸿）今天来了吗？此时台下一片哄堂大笑，记者赶快介绍道黄飞鸿是武林豪杰，活在清朝。

通过这件事情可以看出，演员一定要不断地学习和提高自己的综合知识，对于自己不知道的事情，可以闭口不谈，千万不要不懂装懂，闹出笑话。

除此之外，记者向新人提及涉及隐私方面的问题时，新人要反应迅速，并学会巧妙避答。下面列出一些明星、导演与记者的对话，供新人和经纪人参考。

问：如何兼顾爱情和事业？

王菲：不难兼顾，就像你可以边看电视边吃饭。

问：最近有一些传闻说你是同性恋者，你对此有什么看法？

刘若英：不管有人说我像同性恋还是说我是同性恋，我觉得都是他们在恭维我，因为作为一个女生让男生喜欢已经不容易了，能连女生都喜欢你那就更不容易了！

问:您认为目前中国最有潜力的女演员是准?

张艺谋：我还不能判定目前最有潜力的女演员是谁，但是我认为应该注意年轻的女演员，如果一个50岁的女演员，她已经没有多少演出时间了，我认为25岁左右的女演员最有潜力。

问:怎样评价有着众多负面传闻的老搭档胡兵，觉得他是怎么样一个人?

陈好：我觉得每个人的生活观和生活状态不一样，看待同样的问题，可能站的角度不一样，得出来的结果就会不一样，我觉得我眼里的胡兵最起码对工作还是比较认真的。其实演员应该珍惜自己的每一次机会，证明给所有喜欢他的朋友看。我不想去评判每一个人怎么好，最好的评判是电视观众。

问:你在《手机》中扮演的严守一是在多个女人中周旋的厉害的男人，现实生活中的你是这样吗?

葛优：现实生活中的我也是这样的人，（顿了一下）只不过我是在我妈、妹妹、我妻子之间周旋罢了！

新人面对记者的注意事项

一、了解采访媒体

在接受采访之前，一定要先了解一下采访媒体的定位，包括：媒体风格、采访内容、读者或观众的年龄等相关信息，了解记者要写一篇什么风格或体裁的文章。

二、状态

采访过程中，新人要始终保持良好的状态，要认真和耐心地听取记者的提问。采访人可能会是文字记者，也可能会是电视记者。面对采访，新人要大方、坦诚、有涵养、善谈，要抓住记者提问的要点。为了更好地与记者沟通，采访前最好有个熟悉期（哪怕是几分钟），也就是说，如果有时间，可以和记者聊一会天儿，互相在语言、情绪和状态上有些许磨合，然后再进行正式的采访。

一般来讲，接受记者采访，应忌讳如下几个问题：

1. 不要说其经纪公司、经纪人和其他艺人的不好；

2. 不要表现出不耐烦的情绪；

3. 不要说损害任何客户或品牌的言论；

4. 不要向记者过多地夸耀自己；

5. 不要向记者暴露自己的经济收入状况。

三、面对文字记者

文字记者采访一般会是一篇较长的文章，如有可能建议找个比较好的、安静的环境，这样有助于集中精力思考问题。在与记者的交谈中可以随意些，如果你认为自己说得不够准确或言语不够漂亮，可以请记者帮助你组织言语或用词。回答问题时，如果你认为记者的问题不够准确或不到位，可以根据自己的理解对记者的问题做补充和修正。如果有可能，可以用笔或纸对记者的提问做些记录，以便更好地回答问题。

四、面对电话、网络采访

面对电话、网络采访时，均是由经纪人先确认采访者的身份、采访内容，然后再交给艺人进行详细的回答。网络采访后，应及时回复给媒体，并记得向媒体索要成稿，进行再次确认后再发表。

五、面对电视采访、网络视频直播

电视采访时，要兼顾与记者和与镜头的交流。在没有出镜记者时，要注意与镜头的交流，也就是用眼睛看着镜头。面对摄像镜头，要注意嘴形以及避免其他不美观的小动作。电视采访结束时，别忘记在画面中对记者或观众说声“谢谢”和“再见”。另外，网络视频直播是近年来新兴的一种宣传形式，其特点是具有互动性、真实性，是以直播的方式来呈现，这对艺人的综合表达能力要求会更高。

六、注意造型

不管是文字采访还是电视采访，如果有时间，新人要化淡妆，切忌浓妆、怪妆或喷洒太过浓重的香水，发型和着装也要有所考虑。电视采访时，不要穿带条子或格子的服装，大面积的红色和蓝色在电视上的效果也不好。

最后，记者采访完毕，经纪人别忘了向记者索取名片，请求记者文章发表后给寄出刊物或录像带（如果是电视采访，你要准备一盘与记者相同的空白录像带来换取对你采访的录像带），作为自己资料累积的素材。要记住，这些记者都可以作为你今后事业发展的有用资源，保持和他们的联系是明智的选择。

接拍影视剧

俗语说："演戏的人都是疯子，看戏的人都是傻子。""疯子"这一妙喻充分证明表演中投入的重要性，而投入敬业的演出，其疯狂程度也完全依赖于动作和语言的表达，自然所有表现的背后必然是一种倾心揣摩与体味——事实上，并不是所有"疯子"都会得到"傻子"的捧场，也不是所有"傻子"都要买"疯子"的账。因此，怎样帮助新人接拍好戏？新人对好的影视作品应该如何把握？这些问题对于经纪人和演员来说都显得尤为重要。

如何为新人创造接拍影视剧的机会

经纪人为新人推荐拍摄影视剧，属于被动型经纪；经纪公司有条件能为艺人量身打造影视剧，则属于主动经纪。现在影视剧的剧本很多，但题材好的特别少，对于新人来说，找到好剧本是第一位的，至于价格都是次要的。

曾有部题材非常好的作品，其中有个角色简直就是为我们的签约演员李彧量身设定的，于是我赶紧和编剧确定了故事大纲，同时在积极洽谈投资事宜。当投资基本确定下来后，就立即让编剧按艺人的情况来写本子，并将艺人尽量与角色融为一体，这是最简单、最快速为新人上戏的方式。

演员李彧

没有制作能力的经纪公司也可以这么做，然后再拿着剧本找制作方。当然，就目前而言，有制作能力的经纪公司来做经纪还是比较好的。我个人认为，以后的文化经纪发展还是会走纯经纪公司的路线，因为在好莱坞、中国的台湾地区和韩国的制作与经纪都是分开的，并且做得非常专业、非常成功。

另外，像由金庸、海岩等名家改编的影视作品，都是经纪人要努力为新人争取的角色。这些作品将为艺人在各方面带来很大的收获。有的演员饰演过多部电视剧的主角，但仍在观众的熟知度上没有提高，他们只是在圈内有一定的知名度。造成这种现象的最主要原因是没有出演过"大作品"。

孙俪出道前是一名舞蹈演员，当时只是一名初出茅庐的影视新人。当她与海润影视公司签下一纸合约后，孙俪出演了根据海岩力作《玉观音》改编的电视剧，从此她的演艺命运发生了转折，成为了一颗闪耀的新星。

争当剧组中的“三好演员”

经纪人或公司为新人接戏是件非常不容易的事情，一是要靠经纪人的人脉关系，二是要靠演员的自身条件，两者缺一不可。因此，接到戏后新人与剧组一定要保持良好的融洽度。

那么如何搞好人缘呢？首先要谦虚、要尊重任何一个人，不懂的问题要及时请教他人，要称呼对方为老师，不论是对场工还是群众演员。业务上更要用功，对所饰演的角色做足功课，积极领会和配合导演的创作意图，圆满地完成自己的角色表演。

孙大川在《夜郎王》的造型

我们的签约演员孙大川就是个很好的例子，2004年7月，大川出演贵州电视台投资拍摄的20集电视剧《夜郎王》，并饰演男一号。他在剧组中非常投入地进行角色创作，积极同导演探讨剧本，听从剧组工作人员的安排，每天按照通告早早地赶到化妆室化妆。即使没有自己的戏，他也会到剧组做些其他工作。制片人胡桂浦先生来北京做该剧的后期制作时，见到我就夸大川的戏好，人品更好。把大川评为剧组里的“三好演员”。不过，有的演员却做得很差，以至于制片人发誓再也不和某个演员合作。因此特别提醒新人，一定要注意与他人的关系，争当每个剧组的“三好演员”。

新人如何避免性骚扰

在剧组里遇到性骚扰时又该怎么办？一般通过正规经纪公司、经纪人运作的艺人基本不会出现这类现象，因为条件或合同都是由经纪人来谈好的，包括之后与导演见面、试妆或喝茶、吃饭都是正常的接触。

当然，以前有人专门谈到和写到这些问题，但实在有些炒作的嫌疑。如果一旦出现女演员在剧组里被人骚扰的情况，那么先要找出骚扰的对象，如果是场工、灯光或其他部门，可以直接找到制片主任，因为他有财权，他可以有权辞掉其职务或在经济方面处罚这些人；如果是导演骚扰演员，那么演员可以让经纪公司出面找制片方，再由制片方找到导演来解决。

以前我也碰到这么一件事，当时我就帮女演员找到副导演，委婉地说，过些时候，该演员的男朋友会来剧组看她，到时不免会给剧组带来一些小麻烦等。这就相当于暗示这位副导演，他心里自然明白。

我带演员去见剧组的时候，一般都会先带着他（她）去见导演、制片人。这期间，导演、副导演不会留下演员的电话，都是留经纪人的电话，在合约签订之前都不会与演员直接联系，因此也就不可能出现某某交易的事情发生。等合约成立之后，肯定是要留下演员的电话，这样才能便于后面的各种通知与工作的进行。这也体现了经纪人的作用，操作只要规范就可以避免发生丑闻。当然如果是艺人与剧组工作人员正常谈恋爱，又是另外一回事，两者不能混为一谈。

编 后：

给新人更多机会吧！

2006年开始，电视剧的制作更多地偏向现代戏，多是歌颂家庭邻里之间的和睦相处，人与人之间的真情互助等弘扬和谐社会的题材。这种题材的影视剧为制作公司带来了更多的机会和更大的挑战。但同时也要求制作公司对剧本的把握既要有可看性又要有时代感还要降低制作成本。

圈内人都知道，现代戏的制作成本比古装戏的制作成本低。电视台收购现代戏的价格也不高。通过近几年的电视剧调查显示，内容好的剧本收视率远远超过靠知名演员来带动收视率的电视剧。

为了降低制作成本，制作公司也将会更大胆地起用新人担当影视剧的主角。在此方面我有幸和著名编剧薛老师（《刘老根》的编剧）探讨过。薛老师也认同，如果编剧在剧本创作之初就剧中角色确定由某个新人出演，并按照这个演员自身的性格、特点将角色与演员融为一体地写入剧本，这样，编剧在人物的创作中就有原型可依，人物必然有血有肉。演员在饰演该角色时也游刃有余，本色出演。最后呈现给观众的将会是一部贴近生活、贴近现实的好的电视剧。这些足以证明，经纪公司、经纪人、导演、编剧、观众甚至整个娱乐圈、文化产业都需要“新鲜血液”补养，那么不妨给新人更多的机会吧！

成熟篇

如何做好明星经纪人

人生是什么？少年时的懵懂与无知，青年时的追寻与惶恐，中年时的淡然与从容，人生就是不断成长、不断积累与沉淀的过程。为明星做经纪人是我的工作，是我人生中的一次经历。

经纪人的角色在娱乐圈里至关重要，但对于“圈外人”来说，似乎总有一层“神秘的面纱”。长期以来，人们的评价和猜测一直集中在 他们是谁？他们究竟是点石成金的造“星”高手，还是明星艺人的专职保姆？他们是明星们可以信赖的朋友，还是专门剥削明星劳动的“资本家”？

其实，不论大家如何定位和感觉，对于我来说，做明星经纪人的经历远比结果更重要！

—— 徐建军 ——

经纪人与知名艺人的关系

谈及经纪人与艺人的关系，略显复杂，单纯的一个定义是太狭隘的。我们会是同事、朋友、合作伙伴……但前提是，经纪人首先要有责任感，要付出足够的精力，这样才能得到艺人的认可。

很多人认为经纪人就是艺人的保姆，其实这只是心态问题。在我看来，经纪人和艺人是一条船上的人，一个人掌舵，另一个人划水；艺人是经纪人的“作品”，经纪人的成就感来源于艺人的成功。

一个知名艺人会拥有生活助理、工作助理、经纪人、企宣等这样的一个庞大团队为其工作。在这方面，韩国做得很到位，有的经纪公司一般只签约一个艺人，但是会有十多个人来服务这位艺人，工作分工自然就能做得非常细致。

虽然一些知名艺人自己拥有很强的人脉关系，但同样需要有人帮他们打理工作，或者是该艺人更看好这家经纪公司的制作平台。

知名艺人希望经纪公司能够给自己周到的服务，因为他们的知名度，导致每日会有繁忙的工作、活动等，这使艺人根本没有时间细致地选择剧本和洽谈演出事宜，那么这时候就需要经纪人先把关，经过筛选后，再由艺人亲自看剧本，因为经过经纪人的精选，拿到手中的剧本也是最适合该演员的了。

另外，艺人还希望经纪人可以帮助他们打理其他事情，例如：接拍广告、危机公关、多栖发展（录制MV、出版自传、唱歌、主持等）、参加慈善活动和各种演出等事宜。

与明星并肩的经历和感受

所谓友谊即人与人之间的一种良好关系，其中包括了解、欣赏、信任、容忍、牺牲等诸多美德。与他们一起工作，让我深深地感受到了这一切。

当我处于极度困惑、极度迷茫的时候，她们会向我伸出援助之手；当我愉快开心、得意非凡之时，他们会表示诚挚的祝贺，并与我分享快乐。人生的道路，或得意或失意，在旅途中，我们都需要贴心朋友的支持、鼓励、安慰，所以，与他们的友谊是我人生宝贵的财富。

“拼命三郎 ”曹颖带来的感动

在我与曹颖合作的几年中，生活中我更喜欢称她为：贝勒。按照京城的习俗应该叫她“格格”（因为她有满族血统），但她的性格却更像贝勒。她是一个非常讲义气、豪爽，有爱心的北京女孩儿。

曹颖在各方面都很用功，不管是拍戏、主持还是唱歌。她的艺术功底很强，与她一起工作是一种享受，几乎不用我操心，而且她还是圈里人公认的“小电脑”——记忆力超强，即使是主持直播的节目，她也是得心应手。

2005年10月，《大水》（后改名为《仁枪》，后又改名为《五颗子弹》）剧组正在筹拍。剧本内容是讲一名警察（刘佩琦饰演）在押解3名逃犯（吴大维、李滨、姜武饰演）途中遇到洪水的突袭而发生了许多事情。

剧中曹颖饰演一名乡村女教师，在发生洪水的小村庄教书，并卷入了警察和逃犯的故事中。戏一开拍就有一场曹颖饰演的女教师落水的镜头。10月的南方，山里湖水的温度接近零度，戏中要求曹颖落水还要沉下去，而曹颖身体轻沉不下去，

《五颗子弹》剧照

剧组人员竟然找来铅块捆在她的腰间……当时曹颖对我说："这次要拼一下了，争取一条就过，不能让其他人跟着我一起受冻。"戏开拍了，曹颖刚一沉下去，旁边的两名身穿潜水装备的潜水员就把她提上水面。导演不满意，要求曹颖在水下多停留些时间，要挣扎到极致，潜水员才能捞她出来。这是相当危险的动作，因为人到水下真的要挣扎，而且潜水员不知道她是在表演挣扎还是真的因缺氧而挣扎。此时曹颖对导演坚定地点了点头，我知道她一直都是这样拼命，当他们再次把曹颖捞上来时，导演很满意这次的拍摄效果，而曹颖已经喝饱了湖水。

由于季节问题，戏拍了一个多月就停止了。2006年5月，《大水》再次开机，影片更名为《仁枪》。开机后曹颖又投身到了"水深火热"的拍摄中。

成熟的艺人，需要有非常敬业的精神。记得有一次曹颖从长沙回到北京，当时为了给动画片《福娃奥运漫游记》配音及赶制第二张唱片《嘟嘟娃娃》的录制进度，她回到家后只能有一个小时卸妆和整理，然后就要赶到北三环的配音棚里为福娃妮妮配音，三小时之后还要再赶到东三环的YYYD录音棚赶录专辑，晚饭都是在车上吃的快餐。有时候我们的通告安排得非常紧，而且录音通常也都是一宿一宿的，我知道这样的安排对艺人确实很辛苦，但在宣传期内又必须奔波于各个城市之间。做艺人确实太辛苦了，但付出必有回报。曹颖第二张专辑的主打歌《嘟嘟娃娃》在各地电台的打榜单上都取得了好成绩，在中联榜更是获得了第一名的佳绩。

曹颖为福娃妮妮配音

与盖丽丽合作《关东金王》的经历

2005年底的时候，我所在的公司——中国国际电视总公司中视影视制作有限公司正在筹拍电视连续剧《淘金王》（播出时改名为《关东金王》）。在同制片人廉振华老师探讨演员角色时，廉老师觉得该剧的女一号（剧中人物一品香）非常适合演员盖丽丽担当，我们不谋而合，我赞同廉老师的意见，于是打电话给丽丽姐（当时盖丽丽签约我公司，我是他的经纪人），希望她能接拍这个角色。经过与丽丽姐的沟通，她很爽快地同意出演这部戏。

影视明星盖丽丽

事后她在自己的博客上写下了这样一段文字：

接拍《关东金王》里的一品香，是一件很仓促的事情，因为我的前后档期都排满了，中间只有十几天的空闲，而且还要到寒冷的东北去拍戏，这明摆着是找罪受。但是我当时的经纪人徐建军，凭着他的诚恳和能干，已为我谈好了一切条件，加上总制片人廉老师，在以前的合作中一直很关照我，所以冷点儿就冷点儿吧，只好克服克服了。再说了，做演员这一行，能在合适的季节里，穿着厚薄合适的服装演戏的时候也不多。

飞机抵达长春的时间已是下午五点多，再接着坐了三个多小时的汽车，才到达桦甸。一路的颠簸使我变得疲惫苍白，我盼着能在到达后的第一时间洗一个热水澡，再在床上好好地把自己平放一会儿，缓一缓这一身酸痛的骨头。我好不容易到了，好不容易和接送我的人道完谢，又好不容易走进了那间为我开的房间。我赶快来到卫生间，使劲地拧开水龙头，生怕水流量不够大，洗不痛快，还多拧了几下，可我突然停住了——我发现我的担心完全是多余的，因为水龙头里压根就没有水！我沮丧得像傻子似的，呆呆地坐在床的一角，说不出话来……

——摘自盖丽丽的博客——

与何晴合作《霍元甲》的内幕

何晴与我的生日是同月同日，这也许是一种缘分吧。何晴给我最深的感受可以概括为：最有女人味的女人，最有博爱之心的女人，心静如水的女人。何晴姐从来不接广告，许多厂家、广告公司来电询问都被我婉言谢绝。

2005年元月的一天，电影《霍元甲》剧组的副导演打电话给我询问何晴的档期，并表示由于仁泰导演、李连杰主演的电影《霍元甲》计划将于2005年4月在上海开机，于仁泰导演有意邀请何晴出演霍元甲母亲的角色。很快，剧组寄来了剧本。我看过剧本后觉得“霍母”这个角色很重，也非常适合何晴姐，于是与何晴姐沟通此事，她爽快地答应了下来。

影视明星何晴

元月下旬，于仁泰导演来到北京，我同何晴一同见到了他，大家聊得很开心。之后剧组的制片主任同我联系洽谈合作细节，一切都很顺利，合约签订。2月底，剧组的工作人员到组并请何晴到上海试妆做造型。

到了上海后，香港造型师为何晴试了三十多岁“霍母”的形象，造型非常成功。

谁知，当霍元甲是二十多岁时，五十多岁“霍母”的造型出来后与李连杰饰演的霍元甲的照片放在一起，怎样看都不像母子俩，更像是夫妻。这下可难坏了香港的化妆师。他一再对何晴讲，你真的是太漂亮了，太年轻了，化妆都没办法掩盖你的美丽。最后，只能先确定三十多岁“霍母”的定妆照。两个星期后，何晴又来到了上海做五十多岁“霍母”的造型。这次换了另外一个香港化妆师，但最后造型出来的效果还是像夫妻。无奈制片主任找到我讲，没想到何晴这么年轻，实在没有办法，只能有机会下次合作了，实在太遗憾了。何晴姐也本着对影片负责任的态度决定放弃这次合作。

不管是与“拼命三郎”曹颖的合作，还是当时亲历盖丽丽出演的剧作《关东金王》、何晴试造型的电影《霍元甲》，都给我带来了不同的感受。艺人的每一个角色出演都是经过经纪人和演员自身的不懈努力，而最终达成的合作。我们的付出有时候是观众看不到的，我们的艰辛也是很多人所不能感受到的，因此，如果观众能够珍惜每一部影视作品，就是对我们最大的鼓舞和肯定。

如何为"腕儿"把握好剧本

明星永远是站在台前的，而演艺经纪人则是"幕后工作者"。当我们为明星选择剧本时，不仅是对他（她）负责，也是对观众和艺术负责。对于明星而言，成功的艺术形象要比曝光率重要得多，成功为明星把握好剧本、塑造好角色，也取决于经纪人的素质与眼光。

权衡作品带来的利与弊

首先，剧本一定要适合他（她），要制作精良，不能只考虑眼前的利益。如果塑造的角色不理想，会对艺人造成长期的不良影响。

比如，我曾为曹颖接拍电影《五颗子弹》的时候，就是考虑到曹颖不仅是出演影片中的女一号，更重要的是，此次与她合作的是三位重量级男艺人（其中有影帝刘佩琦），并且这部电影是中国的第一部高科技的灾难片。权衡了各方面条件后，我觉得这些都能令曹颖在各方面有所提升，才毅然为她接拍了电影《五颗子弹》。

记得，我刚开始带知名艺人的时候，剧本都会主动找过来，在剧本比较多的情况下，我会和助理先看剧本，觉得角色好，并基本确定后，再看导演是谁、制作方是谁、演员阵容等。当初我为何晴接拍《宝葫芦的秘密》的时候，就是考虑到这是一部融合了我国传统经典与现代科技的电影。该片改编自著名儿童文学家张天翼的同名经典作品，由朱家欣担任总导演。新版《宝葫芦的秘密》的制作班底十分强大：笑星陈佩斯为宝葫芦配音；当红歌手梁咏琪扮演王葆的班主任；主题曲《一人一梦》由资深音乐人金培达谱写；而何晴将出演影片男一号的母亲，也非常符合她的定位。这部戏还传承了华特迪士尼公司的优良电影传统，结合了享誉国际的电影特效团队和纵横全国的发行网络……这些都使我有理由相信，《宝葫芦的秘密》能够成为中国观众心中的"哈利•波特"，它会成为一部巨作，非常有利于何晴的演艺事业发展。

还有一次，何晴在接拍某部电视剧的时候，曾是昆剧演员的她刚好需要出演一个会唱昆剧的角色，但剧中人物被生活所迫，最终沦落成了风尘女子。当时我考虑到，这个角色并不适合何晴的定位，更不利于她的演艺道路发展，便毅然放弃了那次机会。

学会"先方向后细节"

有名气的演员在接到好剧本后，我会先通过制片方，确认我们有意向接这部戏，然后再从档期、价格方面入手洽谈。就像做生意一样，大的方向确定好，再谈细节问题。

如果知名演员，在同一档期遇到两个特别好的剧本时，我先会看导演是谁，看哪个角色更好。其实，这是没有可比性的。如果冯小刚和张艺谋同时找到你，你怎么取舍呢？那就只能再看哪个角色更适合这个演员了，或者按角色的挑战性而定，所以最好在确定方向后，再逐步地去探讨细节方面。

通过角色为艺人转型

如果知名艺人需要转型该怎么办呢？最好的转型方法是以制作方的需要而转型。比如，现在拍古装戏受限制了，那么有的演员就需要转型；或者有的演员年龄大了也需要转型，可以选一个适合他（她）的剧本，让大众更好地接受他（她），但形象不要轻易改变。一般童星转型最不容易成功，像国外的秀兰•邓波儿，因为外形变化太大，导致观众不容易接受；陈小艺的转型就很成功，在沉寂了几年后，她从一个"外来妹"形象成功转为了中国淳朴女性的形象。

影视明星陈小艺

比如，她接拍的《军歌嘹亮》、《母亲》这类戏，塑造的就是中国劳动人民的母亲形象。在电视剧《大姐》中，她扮演了像母亲式的一位大姐，在观众心目中奠定了良好的基础。随后小艺姐接拍的《半路夫妻》在播出时一路飘红，是2006年电视剧收视率最高的作品之一。小艺姐演的片警胡小玲，是她演艺生涯的又一次突破，是继《外来妹》、《母亲》、《大姐》之后在荧屏上成功刻画的又一个经典人物。

同制片人、导演建立长期的合作

经纪人建立与制片人、导演的长期合作，也是在为"腕儿"们能够选择优秀剧本提供更多的机会，它们是相辅相成的。

曾经，有一位台湾的制作人许老师从杭州来北京，当时同行的副导演我也很熟，见面后他给我看了剧本，希望该剧的所有演员均由我来推荐，由此也说明经纪人与制片人的日常交往是非常重要的。

那天我回家后立即看剧本，第二天便向他们推荐了我认为最合适的演员，接下来便紧锣密鼓地开始商谈演员价格、档期等，只用了几天的时间，便签订了合同。这部戏同他们合作的有李成儒、盖丽丽等演员，主要角色都是我们公司的艺人！

我建议大家如果平常都忙于工作，那么可以通常在过节、过年的假期中来增进与制作人、导演的情感。一般我会给他们发手机短信，在春节前约大家吃饭见面，还会悉心准备一些节日礼物。通常，大家吃饭聊天到凌晨四五点钟是家常便饭，要做好心理准备。

另外，与制片人、导演之间的互相帮忙也特别重要。有时候，有的戏需要救场，如果有人来找我的艺人帮忙串戏，我通常也会全力配合。因为给人家救场如救火这事儿咱不能不管！总之利益不是第一位的，只有将眼光放得长远才会有利于艺人的发展。正确地为“腕儿”们把握好剧本，才能让他们越走越远、越飞越高。

如何为艺人接拍广告

经纪人的能力体现在发现、判断、策划、管理、沟通等诸多方面，尤其是为艺人接拍广告时，更需要多方面的综合能力。在定价、把关、报价的时候应谨慎；在面对不良广告的时候，要学会果断规避。与此同时，接拍广告不管是对于经纪人还是艺人，都是一个锻炼自己、提升自我的机会，也是一项需要艺人与经纪人共同完成的工作。

根据社会经济形式为艺人定价

经纪公司首先要根据社会经济形式来为艺人定广告价格，对于所接产品的类型定价也不相同。一般医药类、水类（饮料）、酒类、美容类的广告报价最高；其次是电子产品；最后是服装类、纺织品、鞋帽等。近年又兴起了楼盘代言、商场代言、理财产品代言等新的代言项目。再有，产品内容和工作类型也决定价格，比如一个广告签订了两年合约，在此期间内，如果只做平面广告的拍摄，就要比又拍平面、又拍影视，中途又要参加活动的价格低一些。此外还要考虑到厂家的品牌，如果是国际、国内知名的一级品牌，在广告投放上厂家会全方位投入广告量，平面、电视、网络、报纸等都会出现，即拥有较高的曝光率，故价格可适当调整。

严把广告关

经纪人在为艺人接拍服装类、电子类产品广告时，对产品及代言公司的资质要谨慎考查。对于医药类、饮料类、美容类等关系到大众健康的产品更要严格把关。包括查看厂家所有的国家批文、药监局批文等，而且最好这些产品已在市场上投放过、销售过。

比如，2006年国家相关部门对明星代言药品做出一些规定，其中还在《北京新闻》中列举了陈小艺代言“三精口服液”的事情。事后，有记者给我打过电话询问此事，我明确告诉记者陈小艺在接拍这条广告前，确实尝试服用过“三精口服液”，并且其家人也试用过这个口服液，且没有不良反应或副作用。

艺人在接拍广告前会对其产品进行严格考查，且经纪公司认为这条广告对艺人形象没有损害时才会接拍，但正式拍摄时的创意和用词则由导演和广告公司来决定。另外，所拍广告必须符合《中华人民共和国广告法》的规定。就针对广告法把关这一点，艺人与经纪公司是不参与意见的，因为毕竟不是专业人士。在“三精口服液事件”之后，陈小艺还去广州接拍过一种感冒药的广告，当时经纪公司也拿到了厂家的成人型和儿童型药品分别进行了尝试，而且那种药已经在市场中销售了三年，也有国字批号等相关保障。其实，经纪人对艺人所代言的产品负责，就是对艺人的公众形象负责。

收到确认（邀请）函再报价

由于明星自身的知名度，每年都会有各种类型产品的商家打来电话邀请明星为自己的产品做广告或代言。当对方询问明星是否有档期和广告费用等问题时，经纪人应该谨慎应对。

邀请曹颖拍摄广告的电话，每年会接到一百来个，合作成功的有“某纤体精华液”、“万钰电动车”、“啦比娃娃”、“斯尔丽羽绒服”等几个品牌的产品。未谈成的广告主要都是在费用方面未达成共识，或者产品类型不适合曹颖，例如丰胸的产品、治疗妇科病的产品都属于绝对不会接拍的范围。接拍广告的时候，通常厂家或广告商会先询问代言的价格，在正规操作的情况下，经纪公司需要求厂家先出示一个盖章的确认（邀请）函，同时里面附有该产品的国家批文等内容。接到确认（邀请）函后才报价，以免造成随意报价后影响市场的状况。

曾经有一个皮鞋广告找曹颖代言，前前后后来询价的有四批人，后来厂家为了得到最优惠的价格，找到了某局长和经纪公司的领导，这样一来如果再接拍这条广告就要自降身价，所以经过慎重考虑，在不得罪人的情况下，经纪人还是婉转地推辞了这次广告合作的机会。

由此可见，经纪人在收到拍摄广告的确认（邀请）函后才能报价，这样当后面再出现第二家或者第三家来询问同一产品的广告时，也可以非常友好的谢绝，这样既避免了乱杀价，也不会出现跌价和“人情价”的现象。这是非常符合行规的正确运作方式，这种方式既不得罪客户也不扰乱自己的市场。

另外，有的知名艺人也会遇到厂家或广告公司直接找到自己来询价的情况，这时正规的做法应该是请对方直接找自己的经纪人去谈，知名的和不知名的艺人对要发生契约关系的合同一定要委托经纪人来处理，绝对不可擅自签署，否则只会造成不必要的麻烦。有时对于再好的朋友来询价也不要自行报价，还是要推到经纪人身上，由经纪人来进行正规的操作与报价。曾经和万钰电动车的万总合作时，就是采用这种方式，最终曹颖不但成为了产品的代言人，我们与万总还彼此建立了良好的友谊，成为了好朋友，万总也为我们介绍了新的延伸客户，这些都是正规操作的好处所在。

如何规避不良广告的风险

为处于上升期的艺人接拍广告是有选择的，由于一条广告而引起公众形象的下降非常不值得。

接拍广告应有选择性。要排除不利于艺人形象的广告。例如我以前带过的一个年轻女艺人，她当时告诉我：“厂家找我去拍一条广告，是女性洗液的产品。”我认为这条广告对她不太适合，便立即推掉了。接拍广告时，不仅要看产品的类别，还要考虑该产品当前在市场上的知名度，如果遇到大的厂家来找新人拍广告，类似百事可乐这样的品牌，价格都是第二位的。因为大厂家的广告覆盖面大，对于迅速提升艺人形象具有良好的推动性。

万钰电动车发布会现场

曹颖与斯尔丽羽绒服领导合影

接拍广告应具备警觉性。避免出现欺诈性的行为。曾经有这样一件事始终令我难忘，有家朋友的广告公司想找某明星拍广告，我通过该明星的经纪人问过明星的广告费后给他们报了价，后来厂家又找了其他3～4个人来寻价，其实这并不利于双方合作的成功，价钱也会越“寻”越不靠谱。后来，那家广告公司给我打来电话说广告就要拍了，而且是一半的价钱就谈成了，当时我虽然觉得很意外，但也没再多问。结果，几天后，广告公司的朋友打来电话说，中间人（假经纪人）已经拿着订金消失了，这就是一则典型的被骗案例，给厂家造成了本应不该发生的损失。

接拍广告时，应首选“实力派”企业合作。因为“实力派”的企业，不仅仅在产品质量上有所保障，而且在广告投入、市场投放上也会下足工夫，这些都是有利于提升艺人形象的条件。

比如，杭州“斯尔丽”羽绒服厂的老总通过其他老总找到了我们经纪公司，于是我们便约在公司楼下的咖啡厅内进行初步洽谈，之后这位老总又直接给我打来电话，告诉我一周后他们将在北京中国国际展览中心举行羽绒服展会，希望我能去现场参观一下。

我如约前往，在展会现场“斯尔丽”羽绒服包下了二层的整个展厅，由此也证明了他们的实力，而且其他参展商也均为国家有名气、有实力的大厂家。在认可对方的一些条件后，我们才进一步深谈了合作的细节。后来正好又赶上曹颖到杭州参加杨澜主持的电视节目的录制，因为节目录制现场离厂家只有两个小时的车程，于是“斯尔丽”老总就带着公章到节目的录制现场与我签订了合同，此时厂家还没有见过曹颖本人。当时正巧节目录完，曹颖要乘电梯，于是厂家老总在楼下才与曹颖简短地见上了一面，记得当时见面的时间不超过1分钟。

后来，我们的合作也非常愉快，最后曹颖出唱片时厂家又出了200万元的宣传费，并于2006年5月18日在上海的一家五星级饭店为曹颖发行新唱片举办了发布会，而发布会所用的80万元宣传费也是由“斯尔丽”羽绒服厂家承担的。这点说明与有实力和规范的企业合作会避免很多不必要的麻烦，合作也会很顺利，有时还会超出预期。

娱乐圈曾经流行过这样一句话：“看一个明星红不红，只要看他（她）拍了多少广告就知道了；看一个品牌红不红，只要看它请了什么样的明星拍广告就知道了。”

广告已经成了明星不可或缺的生存手段，而正因为有了明星的加盟，广告才会变得更加精彩，产品才会让消费者更加喜爱，明星是让人们记住产品的一个资本。因此，对于明星和商家来说，广告效益是相辅相成的，但重要的是双方都要慎重选择，要将拍广告、做形象代言变为零风险。

为什么经纪人要探班影视拍摄现场

演艺经纪人经营的“产品”是“人”，人是有思想、有感情、有性格的，因此经纪人必须了解自己的“产品”，需要和自己的“产品”沟通，达成一致、携手并进。

经纪人到剧组现场探班，就是为了达成全方面的沟通。通过沟通，我们可以与剧组、制片方达成长久的合作关系，同时也能进一步了解艺人的表现，融洽演员与剧组之间的关系。另外，探班也是关心演员的一种行为，它能解决演员在剧组中遇到的困难，并配合宣传部门完成采访，可形成对演员的常规宣传。

探班目的和注意事项

探班目的：

一、与剧组和制片方进一步建立沟通，以便达成长久合作关系。同时进一步了解艺人在剧组的表现，融洽演员与剧组之间的关系；

二、关心演员，解决演员在剧组中遇到的困难，配合宣传部门完成采访工作，探班结束后由企宣发布相关报道，对演员进行常规宣传。

注意事项：

一、不要打扰剧组的正常工作；

二、不要给剧组增添额外开支；

三、不要要求剧组来承担经纪人的探班费用（包括吃、住、行）。

探班内容

探班能带来经纪人与艺人之间的情感交流，就像孩子在外工作，家人去看望他们一样。我探班的时候还会给演员带上“作业”，是一些媒体方面的提问，让艺人书面答好后，回公司再交给企宣来编写，并留作宣传发稿之用。另外，探班可以起到经纪公司与制作方的现场沟通联系的目的。

有一次我去剧组为杜淳探班，刚好赶上南方炎热的夏季，于是我买了20箱矿泉水，到了现场后分给了在场的所有工作人员。那天晚上，我还请演员、主创人员一起吃饭、交谈。这些都是探班中非常具体、细微的事情，但要清楚一点，我们的主要目的还是加强沟通与宣传。

另外一次是探班演员苏可和杨欣，当时他们是在昆明拍《天下一碗》的戏。我和企宣一早出发，坐了3个小时的飞机，然后又乘长途汽车，最后又打了一段出租车。到了目的地后，我们先自己找了宾馆，然后简单地吃了饭，当时已经是下午两点多了。我们直奔拍摄现场，演员们正在拍戏，于是没有惊动他们，看着他们一条一条的过戏。等工作结束后，演员看到我们过来了，十分吃惊，开心和感动伴随着他们，那一瞬间是难以用言语所表述的。

演员苏可

2005年5月，曹颖正在北京怀柔飞腾影视基地的《铁将军阿贵》剧组紧锣密鼓地参加拍摄工作。14日那天是她的生日，为了能给忙碌的曹颖送去一份意外的生日祝福，我在只跟剧组的工作人员打了招呼的情况下，买了个大蛋糕，和部分影迷一同赶往剧组为她庆祝生日。抵达剧组后，我们先悄悄地把蛋糕留在车上，而曹颖还以为我们只是和平常一样去探班，完全没有想到我们是为了她的生日而来，更让她感动的是，剧组也为曹颖准备了一个生日蛋糕。就这样，在意外的惊喜中，曹颖点燃了两个蛋糕上的蜡烛，声声祝福下，她怀抱影迷们为她准备的礼物，开开心心地度过了她2005年的生日。

演员杨欣

其实一部戏就是一个制作团队，所以我们通常会选择在拍摄中期或后期去探班一次，这样也便于解决出现的一些问题。探班后带回来的宣传资料就交给企宣来编写，然后发布到各大网站、媒体刊登。当然，这也要先和剧组沟通好，因为有的剧组并不希望提前公布这些消息，所以不论何时可以正式登出，探班得到的资料还是要先保留整理好，等需要的时候就可以马上使用上了。

在剧组给曹颖过生日

横店探班演员杜淳

2005年5月的北京正是初春，但在横店已是蒸笼的气候。我下飞机后，第一感觉就是天气闷热，尽管如此，我的脚步始终没有停留，直奔《大旗英雄传》剧组的拍摄现场。

那天是杜淳的生日，但我并没有告知他本人，只是想给他一个意外惊喜。当我带着蛋糕出现在拍摄现场时，杜淳既吃惊又高兴。在剧组中午吃饭的时候，我在拍摄现场为杜淳点起了生日蜡烛，并将带给剧组工作人员的几箱饮料发给大家，现场的气氛非常感人，场面既隆重又简洁，令我至今难忘。

演员杜淳

当时，杜淳的戏服很厚，人晒得很黑。聊天中得知他的后背已经长出很多的痱子，我也很心疼。该剧的制片人游建鸣先生谈起杜淳的时候，都会竖起大拇指。他说，杜淳拍戏能吃苦耐劳，戏好人品更好，相信杜淳将成为演艺界的一颗闪亮的新星。听了这样的评价，我的心里顿生欣慰。

为杜淳过生日

在《大旗英雄传》剧组中与其他演员交流

危机公关让你处惊不乱

经纪人在善于发现资源的同时，还应该具有处理“危机”事件的应变能力。一个优秀的经纪人甚至可以摆脱“个人好恶”的局限，以过人的眼光、胸怀和胆识应对一切。

曹颖的剧照绯闻

可能很多人都不知道，在光鲜亮丽的形象背后，明星们的工作也并非一帆风顺，他们也有被观众、媒体误解的时候，也会在受到委屈的时候感到彷徨无助、束手无策。

对于曹颖的剧照门事件，从2006年12月27日的报道、到28日我们听说这件事情、29日致电剧组要求澄清此事、30日剧组公开道歉，又到1月2日媒体的再次澄清和3日我在博客中做的声明，这一连串的反应都可以看出经纪人在处理危机事件时的反应速度和控制事态发展的能力。当时网络上是这么报道的：

2006年12月27日

传曹颖印小天相恋 酒店缠绵照被公开

2006年12月27日，记者收到一封爆料印小天和曹颖恋情的邮件，并附有三张有一男一女在房中亲密相拥的照片。这位匿名人士称曹颖和印小天目前正在深圳拍一部电视剧，照片来自他们所住酒店的工作人员处，并且两人平时就“十分亲密”。当印小天接受记者采访时，言语支支吾吾，不愿正面回应此传闻。

记者收到这封匿名邮件后，发现照片比较模糊，女的依稀觉得像是曹颖，男的面孔却无法看清。记者在查询后得知，目前曹颖和印小天正在深圳拍摄电视剧《律政佳人》的续集《佳人当道》，于是便致电二人，但他们的电话一直转入秘书台。随后，记者又向爆料者回复了一封邮件，询问照片来源。

几个小时以后，对方回复了邮件，表示他有一个朋友在深圳某酒店工作，圣诞节晚上聚会时，这个朋友说手机里有好料要给大家看，于是他便看到了这些照片。

这个朋友还表示，最近印小天和曹颖一直住在他们酒店，两人住的是相邻的房间，平时他们就很亲密，同出同入，有时还会一起去酒店二楼吃早餐，印小天甚至会喂曹颖吃饭、帮曹颖披衣服。至于这些照片是怎么来的，对方的这位朋友坚决不肯说。

昨天晚些时候，记者终于拨通了印小天的电话，当问到他和曹颖合作拍戏，对对方的印象如何时，小天表示“十分不错”。他说：“在我合作过的这么多搭档里，曹颖是性格最好的一个。”但当记者问到他俩在感情上是否擦出了火花时，印小天愣了一下，然后连声说：

“这个不可能吧？没有这样的事。”

但是，当记者表示手上有他俩在房间里的亲密照片时，他再次陷入沉默，然后十分匆忙地说：“对不起，现在我这里有点事，不方便回答你的问题。”随后马上挂掉了电话。此后，记者又多次拨打，他都没有接听。而曹颖的电话始终处于转入秘书台状态。

2006年12月28日

那天，曹颖一早赶回北京录制北京卫视的奥运栏目《我爱我的2008》。大约下午6点多钟，我突然接到一位记者来电称，当天网上曝光了3张照片，是曹颖和印小天在酒店的偷情照，当时记者问我对此事的看法是什么？对这件突发事件，我先是一惊，但是多年的从业经验使我镇定地说：“我们正在现场录制栏目，还没有看到相关报道，实在不好说，我还要看看到底是什么情况，才能回复你，谢谢你告诉我这个消息，我会马上处理的。”此时，曹颖刚录完一场，她也接到了同样的电话，情绪波动很大，眼睛里含着泪珠，我一边安慰一边在用自己的笔记本电脑上网，很快找到了网上的报道和照片。

当时曹颖看过这条新闻后非常生气地说：“这分明是我们拍摄《佳人当道》的剧照。”她立刻打电话给制片人，怒斥剧照为何流失到网上。挂断电话，曹颖哽咽地哭了起来，很是委屈。我忙过来安慰她讲，这件事由我来处理，让她放心。

几分钟后，曹颖只能带着委屈，擦干眼泪，赶紧补妆，继续录制下一场节目，望着她的背影，我感觉到做艺人的一种无奈，也觉得自己身上的责任感很重。

2006年12月29日

早晨，我打电话给《佳人当道》的制片人，告知严重的后果，要求他发表声明，澄清网上的“偷情照”是剧照。明白事态严重的剧组制片人，在与我通完电话的第二天就在新浪、搜狐等网站上刊登了澄清网上的“偷情照”是剧照的声明。

当时通电话的内容基本有四条：

1. 网上所刊登的绯闻照片是剧照，剧组随意将剧照流失应负责任。
2. 网上的绯闻事件严重地影响了曹颖的形象。
3. 最迟后天在主流网站刊登声明，澄清绯闻照片是剧照。如果没有做到， 我们将停止与剧组的合作。
4. 我们将保留法律起诉的权利。

2006年12月30日

《律政佳人》剧组澄清曹颖、印小天“剧照门”

近日网上疯狂转载着一组所谓的“曹颖、印小天热恋，酒店亲密照”，图像模糊，色调昏暗，动作火辣，招来一片哗然声。事实的真相其实非常简单：这是钱小美和周乔方非的亲密照，和曹颖、印小天无关。

大家都知道在《律政佳人》第二季《佳人当道》中，印小天扮演畅达律师事务所高级合伙人周乔方非，和曹颖扮演的钱小美不打不相识，由竞争对手发展成为了一对情侣。这场激情戏发生在周乔的母亲突然去世后，从丧礼回来的周乔来到钱小美的房间，周乔的痛苦和钱小美的温柔使得这场戏走向非常自然流畅，缪导喊“CUT”的时候，现场人员都仍然沉浸在剧情中，全体静了几秒钟才开始继续工作。拍摄现场没有清场，就爆出了这组照片。

这段剧情是钱小美和周乔方非在剧中感情发展的高潮，本来要到《律政佳人2》播出时观众才能在屏幕上看到，被这样模糊的照片提前曝光，势必会削弱电视剧播出时的冲击力。也许偷拍的人只是觉得好玩，或者不过是在试验他或她新买的数码产品，但当你拍摄的对象是公众人物，再加上网络无孔不入的渗透力，谣言对当事人的杀伤力是非常大的，这样的举动无异于玩火。律政剧组的问询调查工作正在进行中。

2007年1月2日

但是，令我气愤的是，没过几天，网上又爆出印小天配合剧组炒作的新闻。

当时是这么写的：两周前，以“曹颖、印小天热恋，酒店亲密照曝光”为题的消息和一组照片在网上迅速流传。日前，又有网友透露，那张所谓的亲密照，其实只是张剧照，而印小天和曹颖也只是普通的好朋友。昨天，印小天在接受记者采访时否认了网上关于他和曹颖关系暧昧的传闻，至于迟迟不澄清的原因，他坦承是为配合剧组而达到炒作的目的。

2007年1月3日

看到剧组的声明后，我立刻做了回应，在博客中发表了以下看法：

“曹颖、印小天剧照绯闻”是无聊、无耻、无德的炒作

最近，曹颖在《律政佳人2》剧组参加拍摄。剧组为了宣传此剧，居然无聊地将剧照发给媒体，并制造了关于“曹颖、印小天绯闻”事件。用以欺骗大众、“娱乐”大众，实属极其无耻的行为。说得具体些，一手制造、操作此事的人是个没有职业道德、没有法律意识、自私自利的无德之人。这样的一个人，无论以后再拍摄任何影视剧我们都不敢与之合作，并相信其他的艺人也不敢合作。不过也会有合作的艺人，那就是希望并配合炒作的艺人，想靠绯

闻提高曝光率的艺人，想靠不正当方式提高知名度的艺人……

曹颖从艺多年来，一直给大家留下了阳光、健康、积极向上的正面形象，先后被授予“爱心大使”、2008年北京奥运会吉祥物“妮妮”的“代言人”等。曹颖还热爱公益事业，多次无偿捐助失学儿童、白血病人等。

此次《律政佳人2》剧组的恶意炒作严重损坏了曹颖的公众形象。对此我们不排除用法律的手段来解决此事。

通过此事，我也总结出：危机处理是在考验经纪人的反应能力和应变能力。经纪人要有清醒的头脑，对发生的突发事件要采取果断的处理。这样才可以及时扭转新闻导向，澄清事实并维护艺人的合法权益。

陈小艺“三精口服液”广告风波

2005年5月，我突然接到媒体记者的电话，询问关于陈小艺代言“三精口服液”广告的事情。其实，在陈小艺接拍此广告前，我就知道她和孩子在用这个产品，直到现在也还在用。当记者打来电话时，我很坚定地答复了记者。

关于接拍哪类产品的广告，我曾经和小艺姐进行过探讨，达成一致的想法是对于护肤品、药品、保健品、食品这类的广告必须要慎重，因为它们会对人体健康带来比较大的影响，同时，也不希望自己的艺人代言后，出现任何不利于他们公众形象的事情，然而结果还是出现了这样的新闻：

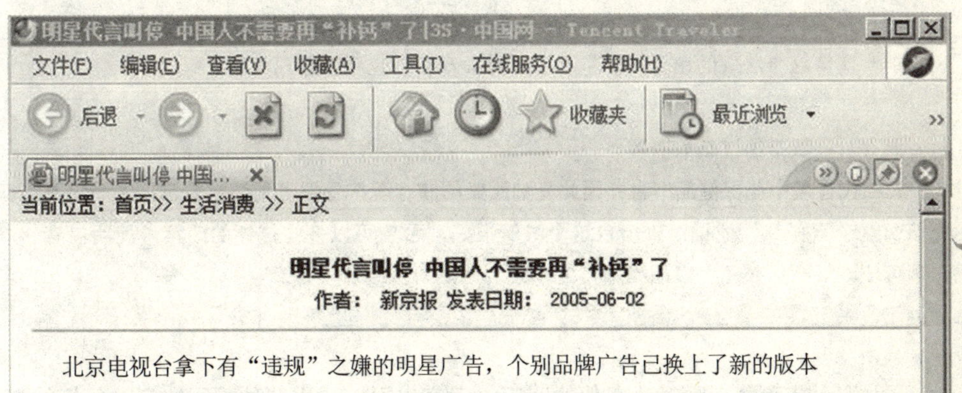

明星代言叫停 中国人不需要再“补钙”了

作者：新京报 发表日期：2005-06-02

北京电视台拿下有“违规”之嫌的明星广告，个别品牌广告已换上了新的版本

北京11个部门从上周开始，对明星在保健食品、药品、化妆品和医疗广告中以消费者、患者、专家的身份向受众推荐商品的虚假违法广告进行整治。日前，陈小艺代言的三精口服液广告被北京媒体停播，昨天陈小艺委托经纪人表示，自己是在使用过代言产品后才接拍广告的。

对于陈小艺代言广告被“叫停”的事情，北京电视台相关部门负责人告诉记者，北京电视台早在今年年初就对此类广告进行过管理，“其实工商局在今年年初的时候已经有这方面的初步要求，明星在以公众人物形象出现在广告中的时候，不能代表消费者。所以我们在那个时候对于在北京台播出的广告就有这方面的审查，对于不符合要求的会要求修改或者撤出播出”。在谈到具体遇到过哪些不符合要求的广告时，该负责人告诉记者：“北京电视台并没有播出过陈小艺的那个广告，好像只有江姗代言的一个广告被我们退回去要求修改，但是最后也没有播，对于我们具体播出的广告，工商部门是24小时有监控的。”据悉，目前北京电视台广告部已接到工商部门下发给各广告发布单位的通知，进行了播出广告的相应调整，一批在保健食品、药品、化妆品广告中有“违法”之嫌的明星广告纷纷被拿下，个别品牌广告已换上了新的版本。

明星表述：

整治明星代言虚假违法广告这一政策出台后，记者先后试图联系曾经代言类似产品的一些明星，除了代言“蚁力神”的赵本山、代言“新兴医院”的唐国强的手机无法接通外，解晓东的电话是一位女士接的，她表示解晓东正在举行活动，对此法规不了解，无法置评。但有一些明星对此表达了自己的看法。

陈小艺：这个产品我用过

陈小艺的广告是第一个被停播的，她的经纪人徐建军代表陈小艺表示，这个广告是陈小艺两年前接拍的，而这个产品也的确是陈小艺本人使用过以后觉得比较好的产品，才决定接拍的，作为陈小艺本人，对于护肤品、保健品、食品这类的广告都比较慎重，因为知道会对人体健康带来比较大的影响，也不希望代言后会给大众带来误导。最后他还表示非常支持这个法规的出台，明星不仅要对大众负责也要对自己负责。

濮存昕：我拒绝过新兴医院

曾经代言盖中盖保健品广告并因此受到质疑的濮存昕接受记者采访时表示：“明星不应该负这个责任。”他说：“出台这个政策很好，希望可以多些这样的政策，使明星有法规可依。”

由陈小艺和濮存昕对此事件的回应，大家也可以看出两种不同的应对危机的方法，这些亲身经历会增强一名经纪人处惊不变的危机公关意识，而危机公关成败也主宰着这个艺人及其经纪人的未来。

600个电话号码泄露事件

2005年，多位艺人、名人的电话号码被泄露，曹颖和我也未能“幸免于难”。当时她每天能接到几百个影迷打来的电话，无奈之下曹颖只好将手机转交给我保管，并在博客中特别声明已经不用那部电话了，这下可忙坏了我。明知道有很多电话可能是影迷打进来的，但是依旧不敢关机、不能设置成“呼叫转移”，因为我担心会错过与剧组、广告商合作的机会。

记得，那个时候，每当电话的铃声响起，我的心都会战栗一下，每天几百个电话，接得我双手发软，甚至不想多说一句话。我耐心地回答影迷的每一个问题，遭到他们置疑的时候，更要耐心解释。有的时候，电话明明没响，但是我的耳边却一直有手机响动的铃声，我甚至怀疑自己患上了恐怖的“手机幻听症”（一种强迫症）。

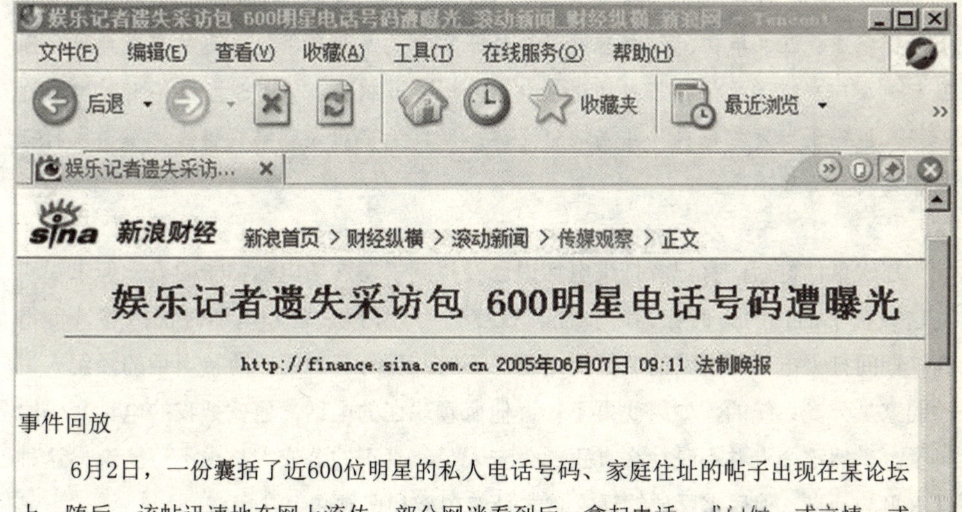

娱乐记者遗失采访包 600明星电话号码遭曝光

http://finance.sina.com.cn 2005年06月07日 09:11 法制晚报

事件回放

6月2日，一份囊括了近600位明星的私人电话号码、家庭住址的帖子出现在某论坛上。随后，该帖迅速地在网上流传，部分网迷看到后，拿起电话，或问候、或言情、或骚扰、或引逗，一时间，中国众多明星开始被各种各样莫名其妙的电话、短信骚扰。

最新进展

“明星电话泄露”与记者丢包无关

“600明星电话在网上曝光”事件，因为一则《记者遗失采访包致使明星电话泄露》的消息而显现出了整个事件的真实源头。但昨日采访中，这位丢包的沈阳T姓记者的一席话却让整个事件更加复杂起来，这位记者表明自己包中的通讯录上根本没有那么多电话，并且丢包时间也要比网上帖子出现的晚几天。

昨日，沈阳这位T姓记者在接受采访时说道：“5月29日下午5时，我在北京采访到京宣传的S.H.E组合，由于当天人数太多，我在采访时把包丢了。那个包里刚好可以放

成熟篇

下一个电话本和钱包，钱包内确实装了1600元钱，但通讯录上根本没有那么多电话号码。事后，我跟北京记者聊天时说起丢包的事，但没想到网上就出了消息说是我丢包泄露了电话。”

据T记者所言，他5月29日晚采访结束后，才发现自己的采访包丢失，而该帖子最早出现在网站上的时间为5月17日，即使是他丢失的包内有明星电话本，也不可能提前十多天就传到网上去。随后，记者又采访了第一个报道《明星电话被泄露》的某报娱乐部主任，该主任称，最早的帖子的确是5月17日就出现了，最初该帖子是想出卖明星电话，可惜没有人相信，随后该网站的帖子上就把所有明星的电话号码都公布了出来。

相关链接

日本某网站出售艺人手机号码及寓所地址

据报道，2000年初，日本出现网页公开发售艺人贴身手机号码及寓所地址，深田恭子、广末凉子及优香等当红明星电话号码早非秘密。大把追星族不时致电表达心声，但碍于“发售资料”并未触犯法律，所以无良商人就乘机赚钱，搞得木村拓哉等大明星头痛不已。

那次事件过后，有记者打进电话说已经找到了发这条电话帖子的人，但未说明发这条帖子的目的。而在当时雅虎、百度11月1号搜索曹颖电话时都能够查询得到。期间打来电话所引发的笑话也是层出不穷，更有甚者还威胁接电话的经纪人说他们家是公安系统的，如果我再不告诉他曹颖现在的电话，他就把我的电话号码给封了。当然这个人并不是什么真正的公安人员，真正的公安人员也不可能说出这种没水平的话来，他后来又放软话，总之是希望能和曹颖聊上几句。

其实，据说那一次的电话泄露事件是因为某家电视台的电脑出现故障，被随后修电脑的公司人员拿走后信息才被公布的，当时被公布的明星人数差不多有600个。

还有一个有意思的网友自称是曹颖的经纪人老徐，让接电话的“助理”赶快找曹颖来接电话，谁知这位假老徐碰上了我这个真老徐。还有人自称是报社的记者，还有要求曹颖捐助的，总之骚扰电话是五花八门。当然，每当经纪人接到这类电话时，还是会很礼貌地替艺人回绝这些影迷的，当然经纪人也需要具备起码的应变能力和判断能力。

影迷直接询问的电话

影迷：你好，这是曹颖的电话吗？
回答：你好，你有什么事吗？
影迷：我太喜欢曹颖了，能让我和她通话吗？ 就一分钟，一句话也行！
回答：她现在不用这个电话了，抱歉。
影迷：她现在在干啥哪？
回答：在拍戏。请关注她的博客，那里详细地记录了她目前的工作情况。
影迷：噢——（有些失望）
回答：谢谢，再见。

影迷冒充型的询问电话

影迷：喂！曹颖在吗？
回答：你好，你有什么事吗？
影迷：我是冯小刚的助理，让她接个电话，有部戏找她拍。
回答：什么戏？
影迷：冯导正在筹备的新戏片名是《天下有贼》，《天下无贼》的续集。
回答：噢，什么时间开机？在哪里拍？（我笑着问）
影迷：曹颖在吗？我同她谈谈角色的事，让她接电话。
回答：她在录节目，我有冯导的电话，一会儿我给冯导回个电话。请问你怎样称呼？
影迷：一会儿我再打吧。（对方挂断电话就再没打来过）

影迷好言相告型的电话

影迷：这是你的电话吗？怎么是个男的？
回答：这是我的电话。你有什么事吗？
影迷：我告诉你，你的电话在网上曝光了，写的是曹颖的电话。
回答：谢谢，我知道了。
影迷：这真的是你的电话吗？赶紧换个号吧，很多人会打的。
回答：好的，谢谢！
影迷：不客气。再见。
回答：再见。

影迷机智型的电话

影迷：你是曹颖的助理吧！让她接电话。
回答：你是哪位？
影迷：我是她的经纪人老徐。
回答：噢？你是哪个老徐？
影迷：当然是她的经纪人老徐了！让她接电话，我有急事找她。
回答：我也是她的经纪人老徐啊！你叫徐什么？（我笑着问）
对方立刻挂断了电话，居然有人冒充我。哈哈。

其实，影迷都想见见自己心目中的偶像，听听他们的声音也是可以理解的。但是，打来电话的人实在是太多了，我最多时一天接五六百个电话。一天之内换了3块手机电池。幸亏接听电话是免费的，要不然电话费就无法计算了。艺人要是天天只接影迷的电话就什么事情都做不了了。所以，在这里感谢影迷对曹颖的关心，希望大家更多地关注她的影视作品、主持的节目和唱片。

为艺人插上腾飞的翅膀

——艺人的多栖发展及宣传

从某种意义上来说，经纪人是“被动”的：一个艺人，不“够料”不行，“够料”而没有成“星”的愿望也不行，“够料”也想成“星”但无法合作也不行，什么都有了没机会还不行……

娱乐圈的微妙之处在于有许多的“偶然”，一个艺人的“一夜成名”也许是运气，但要想达到一定的高度、占有一席之地并在那个位置上立得住，就绝不是“运气”那么简单的事了。在这个过程里，除了艺人自身的因素，对经纪人的功力也是一种考验。

什么状态下适合多栖发展

与我合作的艺人，主要是以影视剧演员为主，但在拍摄过程中，如果遇到合适的机会，我会主动向导演或制片人推荐由该演员演唱此剧的主题歌，当然前提是该演员要在歌唱方面有一定的功底。如果能成功就可以增加艺人以后的宣传点。这就等于在这部戏播出时，可以让大众知道艺人多才多艺，有机会还可以去打榜。演员演唱主题歌，一般是免费的，因为这种结合对演员本身来讲是非常有益的，可以为未来多栖发展铺平道路。当艺人通过影视作品走红后，就可以向歌坛等方面进军，完成艺人的多栖发展。

另外，艺人在不拍戏的时候，可以让他（她）抓紧时间学习关于未来发展所需的各方面的技能，例如：唱歌、跳舞、主持等，为将来的多栖发展奠定基础。

港台艺人的多栖发展

流行文化适合造星，逢天时、地利、人和，便会有新星诞生，F4无疑是曾经最为闪烁的偶像派多栖发展艺人，他们因为《流星花园》而走红，也将《流星花园》推到了人们心中一个很高的位置。电视剧热播后，紧接着经纪公司为他们推出了唱片，使他们顺利进军歌坛，2003年F4全国巡演使这支组合的人气达到了顶峰。

作为一个多栖发展的男艺人，让一个女性喜欢并不难，难的是那么多女性为之着迷。F4组合多栖发展能够成功，就是充分利用了人们爱屋及乌的心理，成功地聚集了人气，降低了风险。正如许多F4的女Fans所说的那样，她们往往只是喜欢F4中的某一个人，喜欢他演戏、唱歌等某个方面，而对另外三个甚至可以视若无睹，而

面对四个“花样的男子”，再挑剔的女人也总会喜欢一个吧？这也是现在越来越多的偶像组合迅速走红的原因，比如台湾的183club、S.H.E组合等。

关于曹颖的多栖发展

曹颖演艺事业的主要发展方向是接拍影视剧，但是因为她自身具有较强的亲和力和综合素质（如较好的文字功底、出色的语言表达能力等），我为她制定了与众不同的多栖发展之路。

在计划为曹颖出唱片的时候，我们就和高晓松聊过，他觉得曹颖的声音比较适合古诗词，而且她塑造的形象也是属于稳重型的，双方一拍即合。歌词都是古诗词，所以主要就是配乐，然后进棚录制就可以了。接下来在高强度的宣传工作中曹颖真是名不虚传的“曹铁人”，我们连续几天奔波于多个城市，当她进电台棚里录节目时，我们的工作人员累得都趴在桌子上睡着了，她录好后拍拍我们说：“起来吧，该下一站了。”

我印象最深的是在山东做的签售会，当时唱片的销量很好，主办方把山东省的唱片全买过来了，第一站签得非常火爆，以至不敢签了，剩下几十张还得去第二站用，最后干脆签欠条，到时候Fans再找主办方换唱片，我想这也是绝无仅有的吧。我们还有了新的突破——一张唱片两个封面，一是因为唱片卖得脱销了，二是因为

里面的照片也出了一些小问题。

曹颖的第二张专辑也非常成功，《嘟嘟娃娃》的打榜碟设计精良，所谓的打榜碟就是专门给各个地方的DJ、电台、电视台播放用的。我们经过选歌、确定曲风、录制完成之后，就开始设计打榜碟了。通常这个时候，专辑还没有录好，我们会先拿着打榜碟做宣传。这种方式是专辑销售前期的预热，然后才是MV的播出。打榜碟与MV是相互配合的，一个是听觉感受，另一个是视觉感受。专辑制作完毕后，就会开新闻发布会，然后会在各地举办签售会、歌友会。歌迷反映不错的专辑还可以参加评奖，比如可以参加音乐风云榜，不过参奖的艺人必须要出专辑，只有单曲是无法参加的。我们的主打歌《嘟嘟娃娃》曾在中联榜获得冠军。另外，曹颖的新书《嘟嘟娃娃》也于2007年9月成功上市。这本书分别介绍了曹颖自己的成长经历、人生感悟、美容心得等内容，得到了读者的一致好评。

曹颖的多栖发展能够得到大家的肯定，与她自身的努力和付出是分不开的。她在主持方面如此优秀，是和她超凡的记忆力有关的。记得，当时曹颖去录制中央电视台的《人物》这档节目时，各方面的主持人都有参加，并且需要一次录制4期，我们是下午6点到场的，栏目组告知工作量后，他们估计全部录完至少要工作到凌晨2点，因为平常录这么多内容，基本需要两天的时间。

节目录制开始的时候是脱稿的，基本上曹颖能够赶着摄影师和灯光师走，也就是灯光刚一布置好，曹颖的台词就已经背好了，马上就可以开始工作了，我们录一期只要用1个小时，结果晚上10点多就把四期全部录制完成了，摄影师和灯光师都对她有超强的记忆力佩服不已。摄影师偷偷地对我讲："以前只是听别人说过曹颖的记台词能力超快，今天确实领教了，比听说得还快。"其实，这只是说明她是个非常用功的艺人。

有时我们一起到栏目、电台做直播嘉宾时，曹颖一般会在节目开始前30分钟到场，会把所有的内容了解透彻，她是一个非常有责任感的艺人。

多栖发展与宣传的连带性

艺人的多栖发展主要是影视表演、歌手和主持三大方面。对于艺人多栖发展的宣传应该是有重点且循序渐进的。首先要找到明星自身的发展优势，准确定位、包装、打造，再重点宣传这一特点。当得到观众（听众）的认可后，再继续辅以其他方面的包装和宣传。另外，只要是对艺人形象没有损害、具有宣传点的活动，都是可以考虑参与的。

2007年8月7日，北京电视台为迎接奥运倒计时一周年所制作的特别节目《假如奥运明天开幕》正式拉开帷幕，曹颖作为嘉宾登台为奥运献歌。节目中，她不仅仅是作为演唱者，还作为2008北京奥运会的群众代表对即将到来的奥运会提出一些细节问题，并与北京奥组委的官方成员有着良好的沟通，最后将问题的解答带给所有关注北京奥运会的人民。另外在《福娃奥运漫游记》的首映式上，曹颖还登台演唱了专门为此片所创作的歌曲《向前冲》。这个歌曲以励志为主，融入流行歌曲的元素，加上曹颖的倾情演绎，使这首歌曲与奥运主题相得益彰。

多栖发展中的定位宣传

在准备打造多栖发展的艺人之前（如向歌坛进军），应对艺人的曲风、造型等进行准确无误的定位，其中包含定位后的宣传。在对外宣传中要对艺人的曲风、造型、MV的情节、唱片的制作等保持统一的口径。

我们打造《嘟嘟娃娃》这张专辑与第一张专辑《虞美人》是完全不同的风格。记得，当时我们找到了六首歌，都是具有现代元素的。刚开始的时候，想把主打歌的歌名定为《芭比娃娃》，后来得知CY家族里的小忧曾给曹颖起过绰号叫“嘟嘟娃娃”，我觉得这个名字不错，便把歌名直接定为了《嘟嘟娃娃》。这首歌里面有说唱的元素，大家都很喜欢。

在宣传方面，我们极力保持风格一致。从曹颖的MV到CD封面设计，都统一运用“娃娃”造型。为了配合这种一致性，我们甚至在拍摄MV之前，还聘请了全国街舞冠军进行编舞，从而让唱片从内到外均能保持这种独到的风格。

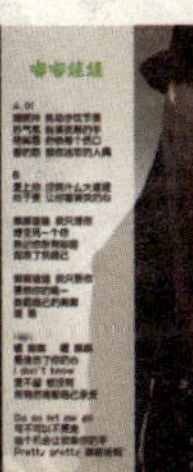

博客与播客的特殊宣传效果

博客和播客的出现，拉近了明星与“粉丝”的距离。明星能在第一时间，将自己的工作情况、生活经历、对事物的感慨等内容在博客上体现。大众可以通过这种方式，随时了解自己喜欢的明星动态，并与他们在博客上沟通、聊天，可以让大众感受到自己在近距离接触明星。

首张专辑《虞美人》封面一

首张专辑《虞美人》封面二

曹颖首张唱片《虞美人》的三个之最

说起曹颖唱片《虞美人》可以用三个之最概括：

第一是制作时间最长——3年；

第二是发行时间最快——21天；

第三是首张唱片新闻发布会耗资最大——80万。

2006年3月下旬，耗时三年的曹颖首张专辑在制作人高晓松的努力下终于完成了。歌词全部选用古诗词，旋律优美，节奏舒缓，编曲用大量民族乐器与西洋乐器完美结合，使得整张唱片匠心独具，别有一番韵味。

通常专辑的歌曲是有时效性的。在谈过几家唱片公司后我们决定与广州美卡唱片公司合作。由于要赶在曹颖生日前发行上市，所以从与美卡唱片谈约到唱片发行上市，仅用21天在市场上就可以见到曹颖的《虞美人》专辑了。

这三个之最体现了经纪人在运作多栖发展的艺人时，要学会多方面考虑问题，要注重唱片的时效性，及时将艺人的作品推向市场，把握市场商机。

太——太忙了！

往往艺人的多栖发展和应接不暇的宣传活动，让他们变得异常忙碌和辛苦。

2006年6月28日，我们去哈尔滨宣传曹颖专辑的时候，真的很忙碌。一早到达北京机场后，飞机晚点近一小时。下飞机后直奔酒店，发现早有一群记者在饭店等待了。接受简短采访后，我们就直奔哈尔滨《生活报》做现场电话连线。大约一小时后迅速赶到哈尔滨交通台做现场直播，之后又接受黑龙江卫视的现场采访，采访结束后立即到达黑龙江电台女性频道做直播。这次宣传结束后已经是晚上十点了。虽然很累，但“贝勒”（曹颖）无论接受采访还是在电台做直播都精神百倍，毫无倦意。我这个做幕后工作的早已疲惫不堪了，实在无法和“曹铁人”相比。回到酒店后，“贝勒”又与服装设计师沟通设计演出服的事宜，凌晨一点，设计师走后我们又谈了下一步的工作安排，不知不觉天都亮了。第二天上午又参加“斯尔丽”羽绒服的活动，整整忙碌了48小时。

奔波于全国各地的唱片宣传

做唱片宣传是非常辛苦的事，我把当时我们的宣传行程安排列出来，大家看看就知道当时的劳碌程度。今天当我看到时都不敢相信当时在很短的时间走了这么多的城市。

以下是2006年宣传时的通告安排：

5月28日星期日

12:00 曹颖及助理从长沙到达青岛，

我从北京到达烟台。

1.15:00 签售

2.18:00 电台直播一小时

5月29日星期一

上午10:30 记者见面会

11:30 走台

14:00 签售

19:00 歌友会一小时

5月30日星期二

返回温州

烟台——北京 （7:55～9:00）

北京——温州 （14:20～16:30）

5月31日星期三

拍摄电影《仁枪》后回京

（温州——北京16:50～19:15）

6月1日星期四

北京——乌鲁木齐（7:55～12:00）

1.14:00 在酒店开记者见面会

2.16:00 彩排、走台

3.17:00 歌友会开始

4.18:00 歌友会结束开始现场签售

5.21:00 到电台直播一小时

6.22:30 到网站视频直播一小时

6月2日星期五

（订票长春——深圳15:50）

新疆——长沙 8:35起飞（曹颖）

新疆——北京 9:15起飞（徐建军）

6月3日星期六

长沙直播“寻找紫菱”曹颖主持

6月4日星期日

晚曹颖等抵达长春

6月5日星期一

13:30～14:00 新闻发布会

14:00～14:30 签售会

15:00 试音走台

16:00 正式录制歌友会

19:00 录制100度音乐吧

6月6日星期二

13:00～13:30 东亚经贸热线接听

14:00～14:30《新文化》报热线接听

15:00～16:00 交通之声广播电台节目

15:50～21:00 长春——深圳

6月7日星期三

曹颖深圳拍广告

曹颖2006年三个月的行程安排

8月3日凤凰卫视《锵锵三人行》(3期)
8月3日录制《人物》(4期)
8月4日凤凰卫视《锵锵三人行》
8月5日河南卫视《星登陆》：郑州歌友会——《颖响力》 播出
8月7日参加2008年奥运会倒计时两周年庆典
8月8日浙江卫视《太可乐了》 播出
8月8日新浪聊天(专辑《虞美人》和书)
8月8日CCTV-3《综艺快报》 新闻
8月13日东南卫视 《娱人码头》 录制
8月14日旅游卫视 《美丽俏佳人》
8月16日山东卫视 《阳光快车道》
8月17日天津卫视 《胡可星感觉》
8月17日新浪网聊天《中国魅力名人访谈》——曹颖、于小伟、张铌聊骨感丰腴
8月18日旅游卫视《娱乐麻辣烫》
8月19日电视剧《铁将军阿贵》北京宣传
8月21日于上海拍摄《一帘幽梦》
8月23日主持“中国金鹰电视艺术节”活动
8月25日参加中国明星足球队慈善晚会
8月25日《人物》之《脸·面》
8月26日《人物》之《脸·形》
8月29日旅游卫视《娱乐麻辣烫》
9月1日凤凰卫视《锵锵三人行》（第二期）
9月3日江苏卫视《绝对唱响》（一）
9月4日江苏卫视《绝对唱响》（二）直播
9月4日凤凰卫视《锵锵三人行》（第三期）
9月7日山东行“中国鱼山梵呗文化节”佛教音乐晚会 主持
9月9日晋江行中国明星羽毛球队公益演出
9月9日山东卫视《阳光快车道》 播出
9月10日北京台《较量》上海采访姚明 主持
9月13日东南卫视《娱人码头》（首次与陈超、李琦同台演出） 播出
9月13日旅游卫视《美丽俏佳人》 播出
9月14日赴广州拍摄《日落之前爱上你》
9月15日电视剧《日落之前爱上你》开机
9月17日“心系新生命— 环保与家庭”全民科普行动之“控烟与家庭健康”杭州启动会
9月21日参加成龙《宝贝计划》北京首映
9月23日无锡演唱会
9月25日长沙“中部放歌”大型文艺晚会直播
9月26日长春行《星光大道》
9月28日泉州行《星光大道》
9月29日通辽行《星光大道》
10月2日云南芒市录制《音画中国》 主持
10月11日山东济南参加齐鲁电视台《舞与伦比》 评委
10月15日湖南长沙参加“第六届中国金鹰电视艺术节”VCR的拍摄
10月17日北京参加凤凰卫视《锵锵三人行》嘉宾
10月21日内蒙古神木参加演出
10月25日深圳开拍《律政佳人2》
10月29日湖南长沙参加“第六届中国金鹰电视艺术节闭幕式” 主持

多栖发展的宣传花絮

唱片签“白条”

2006年5月29日，我们到达山东烟台做唱片宣传。一下飞机主办方就对我们讲，得知曹颖要来烟台做签售会，许多歌迷就争相购买专辑，致使整个山东曹颖专辑《虞美人》脱销。主办方也只买到两百多张，在烟台有两场签售会，主办方表示每一场尽量控制在一百多人。但第一场签售活动由于影迷、歌迷太多，虽然主办方努力控制，但还是签了近两百张专辑。

曹颖在山东签售

第二场签售活动到场的Fans更多了，剩下的专辑很快便被一抢而空，无奈主办方只好让曹颖签“白条”给歌迷，等专辑到货后再凭白条领专辑。事后，主办方称从来没有见过这样火爆的场面，更没有想到曹颖会如此受大家喜爱。

吃饭不给钱的“曹贝勒”

给大家讲一个曹颖吃饭“不给钱”的故事。

有一次，在哈尔滨完成“曹贝勒”的专辑宣传后，准备乘飞机回北京，在机场候机时，由于离起飞时间尚早，又赶上午餐时间，“曹贝勒”提议大家一起吃饭，正当我们边吃边聊时，就有工作人员拿着笔和纸请曹颖签字留念。

“曹贝勒”一向来者不拒，但签字的人不断。我看登记的时间快到了，于是忙护送曹颖向登记口走去。在路上还是不断有工作人员跑来要签字。当我们快到登机口时，“曹贝勒”突然问：“刚才谁结的账？我们四人面面相觑。”我说：“刚才看你好像拿过账单，以为结过账了呢，而且出门时服务员也没有提醒啊，还说欢迎咱们下次再来呢！”“曹贝勒”笑了：“都是工作人员让我签的字，没有账单噢！我们赶紧回去结账吧！”

紧接着我们又返回餐厅去结账。

小心喔，同“曹贝勒”吃饭最容易跑单啦！

遭遇“水漫金山”

曹颖的多栖发展能够得到大家的肯定，也是因为她自身的努力与付出。记得，有一次我们一起去齐鲁台做歌友会的活动，大家彩排结束后回到酒店大概是下午五点多钟，直播被定在晚上九点三十分。

2007年在齐鲁参加活动时巧遇洪水

在我们回酒店的时候，天空下起了倾盆大雨，当时并没有太注意，但是当我再从酒店出去的时候，却惊讶地发现酒店前面停的汽车只露出了车窗，车灯浸泡在雨水里一闪一闪的！那种场景，我只是在电影里看到过。水漫金山，简直像瀑布一样！我还看到有人开始从面包车里往外爬，街道上屯积的雨水已经淹没到面包车的车门了，有的地方水深早已没过了轿车的高度，而街道上的公共汽车也都停了下来。

当时我用相机拍了很多照片，拿到酒店给曹颖看，照片中的人有光着膀子的，穿着短裤的，都很狼狈。她好奇地问我：“这些是从哪里拍到的？”我说：“这就是我们酒店门口呀，这些人都是从车里爬出来游过来的。”

过了一会儿，雨渐渐小了，地上的积水开始退去，但街道上却出现了严重的交通堵塞，有些车必须要等着拖车拖走，眼看电视台直播的时间就快到了，我们却无法出门。电视台同时派出三辆车，兵分三路来接我们，哪辆车先到，我们就坐哪辆，虽然酒店距电视台的路程不过5分钟，但是我们却感觉等了很久很久，真是心急如焚。

到了电视台后，我们发现几乎没有观众到场，后台也是空荡荡的，没有化妆师，没有场工，只有摄像部门有人在留守。无奈之下，曹颖只能自己化妆了，那场景简直就像下乡慰问演出。

—摘自曹颖博客—

在北京宣传，“贝勒爷”居然丢了，超级“路痴”！

到新浪做专辑的宣传，做视频聊天直播。

回来了，流浪的我回来了，今天去录的是《太可乐了》和《哈拉孙国庆》两档节目，主要还是在宣传专辑，没办法啦，宣传期嘛，大家都是这样过的。不过今天我一出门就……呜——听偶慢慢道来吧！

首先，本人跟经纪人徐同学约好在三环路边见，偶准时出发，但是……唉，粗心大意了些，车开到三环路上，才发现没油了，呜——于是，徐同学就先带着我到处找加油站，可是路上很堵，所以是好不容易才下了环路，找到加油站……

大吉普车是“曹贝勒”的最爱

唉，加好油，我跟着徐同学的车出来，那里刚好是一个商场门前，很多车和人，大家都在抢路，本人好心地让了两辆车过去，可是一抬头徐同学不见了！这还不算麻烦，最惨是，当我拿出手机打给徐同学时，电话刚通，我不过才“喂——”电话就断了，原来手机没电了。接着又发现，我今天换了一个包，所以没带后备电池（当场就想晕倒在路边）。

于是，我只好乖乖地一动不动，原地等着徐同学来认领走失的我。呜——可怜呀！后来我实在没办法，只好下来找路边的一位女同学借手机，呜——谢谢这位同学借了手机给我。呜——还好徐同学聪明，知道我丢了，回到原地来找我。他自己也说，怎么会差点把我给丢了呢？！唉——一个北京人，在北京走丢了，说出去还真是……（脸红先）好了，不说了，今天的图，徐同学拿走了，明天再发吧，反正明天要录《锵锵三人行》，到时候一起发上来给大家看吧。呜——路痴的我，决定下去哭了。晚安吧！

某种意义上说，艺人的成功与发展主要是靠自身的素质条件和大量的实践积累。虽然在娱乐圈中，有一部分是专业艺术院校毕业的学生，虽然他们中有的有幸成为了一线明星，但如果想打造出一名多栖发展的明星，还是更需要艺人和经纪人的共同努力，包括对观众的负责、对艺术的负责以及上天的眷顾！

艺人与影迷的关系

艺人与影迷的关系，是既要零距离又要保持距离，通常影迷协会起到了桥梁的作用。协会通常是有组织的来安排影迷与明星见面，如果影迷想得到明星的签名或海报都可以从影迷协会那里要到，经纪人也会事先将批量的海报或签名照提供给影迷协会。

曹颖不论在全国哪个城市举办歌友会、新闻发布会、签售会等活动，都会得到影迷、歌迷的热情支持。在这里感谢他们陪伴艺人一同经历风雨、一同茁壮成长。

颖迷合影

每次参加活动，如果现场有“颖迷”出现，曹颖总是在活动结束后单独同他们见面合影、签字留念。有些影迷都是跨省市连夜乘火车来到活动地点的，只为同曹颖零距离接触，因此明星也要学会照顾好Fans的心情。下面是一位影迷在参加2006年长春歌友会后发表的文章，这篇文章也曾深深地将我触动。

天上天下 唯我曹颖——6月5号探颖有感（长春歌友会）

来源:心颖港湾　作者:恋颖守护神

2006年6月5号的长春，可能对大多数的人来说是一个平淡的日子，可却因为某个人的到来，使这个平淡的日子变得不再平淡，她就是曹颖！

清晨，仰望蓝天，厚厚的白云使天空显得不再寂寞，而我的心也随之飞到了那向往的云之彼岸。在结束了一上午浑浑噩噩的工作后，早已请好假的我，急匆匆赶到了第一个集合地点和雪儿会合，开始了今天真正的日程安排，而我们的第一个目的地就是颖的签售会。大概早已习惯有月姐的带领，当知道这次活动要由我组织的时候，心里真的慌了。我该怎么做？见到颖我该说什么？

虽然早已做好了心理准备，并得到了月姐的信任及鼓励，可到了真正时刻，心中还是忐忑不安，不过还好我的身边还有一个“家人”陪伴——雪儿（轻雪漫舞），她是一个非常外向的“颖”迷。

12：40分，我们来到了签售会的现场，蓝色再次主导了天空，耀眼的太阳照射得更加猛烈，仿佛代表了会场上所有人的热情——火热！面对现场数不清的人，我们非常的高兴，不愧是颖，好受欢迎哈。

看看手表，时间还早，于是我俩就在周围参观了起来，大概是我穿着会服的关系吧，在人群中特别的显眼，所以雪儿开玩笑地对我说："你的回头率由原来的负数基本提升到了100%了。"这时我俩走到了颖的宣传墙报前，看着一些颖迷在上面写下的文字，一向无厘头的雪儿突然拿出签名笔在上面写下了："心随颖动，如颖随行"八个大字。这倒不算什么，可她却在落款处写上——"孙月"！晕，不知道颖看到后会是怎样一个表情。

大约是1：25左右，因为堵车而来迟的颖，终于在我们的千呼万唤下来到了现场，不过她却要先开一个简短的记者见面会，在楼道的我们只能先听到里面的谈话，这着实令现场的人"郁闷"，不过能听到颖的声音，我已经很兴奋了，呵呵。当记者问及《仁枪》的拍摄过程时，全场的人都为颖的坚强惊呆了！"因为是灾难片，我记得有一场溺水的戏，而当时正是冬天嘛……因为我真的喝了很多河水，就是那种很脏的，带泥的河水。就连导演都夸我是他见过的最勇敢、最坚强的演员。"我听到颖这么回答记者，心里不禁对她担心。不过也有很搞笑的事情，例如她爆料说她是个美食至上的人，在拍摄时从早餐到夜宵要吃6顿，还戏称别的艺人为了保持身材是从来没吃饱过，而她是从来没饿着过……

在经过了简单的访问后，颖终于出现在我们的面前，签售会正式开始，当我俩眼红地看着现场那些把专辑买光的人们络绎不绝地上台让颖签名时，雪儿突然发现只要手中有专辑就可以上台，于是我俩偷偷地把放在包里的专辑拿出来，夹进了队伍中。呵呵，终于轮到我了，比起之前雪儿那令颖迷糊的谈话（具体的我也没听清，事后我问雪儿是怎么说的，可她居然说忘了，汗！恐怕只有天晓得雪儿当时说了些什么，总之是把颖弄糊涂了，而且还是主动和她握手，再汗！雪儿，我服你了），看到穿着会服的我的那一刻，她真的惊呆了，呵呵，当时她的表情真的好可爱，可惜相机没有在手里，不然我一定拍下来给大家看，"呵呵，颖姐好，我是你的家人哦！"比起雪儿，我和颖是拉着双手哦！但之后的事情，真的令我们有些不舍，因为签售会结束后颖要在现场演唱《虞美人》和《天净沙》，可接下来我们还要接其他的颖迷参加4点的歌友会，时间很紧，只好无奈地离开了会场。

下午3：50分，我们一行十人终于和颖身边的工作人员碰头了，可由于碰头的时间太晚，正赶上所有观众入场的时候，所以我们在等其他人都入场后，在工作人员尽力的安排下，给我们安排在一个相对靠前的位置上，然后工作人员便匆匆地离去了，哎，不是第一排，闷了，要是早点联系就好了。就这样，我们欣赏了大约近两个小时的节目录制。哇，颖真的好厉害啊，节目真的好精彩，现场的气氛也被颖带动得非常火爆，很难想象颖原来不是个职业歌手，呵呵，不愧是咱家影视、主持、唱歌样样精通的三栖明星——曹大美女哈，总之真的是太棒了。

大约6：00左右，在与颖的经纪人徐先生通过了一个简短的电话后，我们焦急地在已经散场的演播室等待着，而大家也突然变得安静起来，因为我们心里都清楚，接下来的活动不同于刚才的观看节目，而是要与咱们家的颖真正的零距离接触！

这时突然传来一个男人的声音："颖迷会的人请跟我来。"就这样，我们在他的带领下走进了一间会议厅，而那个熟悉的身影也出现在我们面前——颖！我们兴奋地冲了过去，可见到"家人"了。而非常高兴的颖第一句话并不是问候，而是略带指责地问："你们坐哪了，我怎么没看见你们啊？"天啊！原来在刚才的录制中，在镜头没对准她时，在节目中间休息时，她不时地四处张望，原来是在找我们啊！而令人感动的事还远远不只如此。

曹颖说："一会儿我可以带他们参加下一个活动吗？"

徐先生（曹颖的经纪人）：“不可以。”（因为接下来的活动是一个很郑重的活动，徐先生在我们进来时略微提过）

“哦 ！”（颖露出有些失望而又无奈的神色）

“颖姐，我可以搭一下你的肩膀吗？”（合影时一个男同胞问）

“要是外人肯定不可以，但俱乐部的家里人当然可以啦！”曹颖善解人意地说。

“徐先生，可以让我们每个人都单独合影吗？”我们问。

徐先生：“不可以，我最多可以再给你们两分钟。”

曹颖：“让记者们等等吧。”

徐先生：“可他们已经等了半个小时了！”

曹颖：“没关系，再让他们等等吧。”（她一直坚持到跟每个“家人”都合影）

擦干感动的泪水，接下来让我讲讲颖可爱的一面吧！就从我和雪儿精心准备的礼物讲起吧，也就是颖在博客中发的那张照片《她的最爱——发胖食品》。当我把礼物送给颖以后，曹颖问：“巧克力吗？”不会吧，我心里有些失望，难道之前有人抢了我们的创意？可当在我们的催促下，颖打开盒子后，她高兴地转过身去对她身边的工作人员说：“你们快来看，好漂亮哦！”呵呵，看到颖如此喜欢，我兴奋地对颖说：“上面那个白色‘猪头’是雪儿哦！”与此同时，颖说：“是吗？我先把你干掉啊。”于是，颖在所有人都没有反应过来时，把那个白色“猪头”送进了嘴里。好可爱哈，呵呵，而下面的那个黄色“猪头”是我！ “一会我再把你干掉！”她一边吃巧克力一边对我说。还是第一次看到颖吃东西的样子。就在我们和颖开心的聊天时，颖突然一本正经地指了下我，像一个调皮的孩子对我说：“到你啦！”然后，她迅速地取出那只黄色的“小猪”，开心地送进了嘴里。呵呵，还有哦，因为停留了太久，正匆匆忙忙地赶往下个会场的她，在跑到门口时突然大声地说：“我的巧克力！”哈哈，她真的是那个曹颖吗？此时的她好像一个长不大的女孩啊！

在颖经纪人多次的催促下，我们结束了这个短暂（只有十多分钟）的见面会，而刚刚那间还是喧闹不堪的会议厅里，此时已变得异常的宁静，仿佛之前的一切根本没发生过。我不自觉地问了一下身边的一个朋友：“结束了吗？”“嗯，你怎么了？结束啦。”

可我还是在所有人都没有察觉的情况下，使劲地掐了一下自己的大腿：好痛，原来我并不是在做梦！就这样，我一边听着身边的人见到颖后幸福的感叹，一边夹杂着欣喜而又迷茫的复杂思绪离开了这个曾与颖相聚了两个多小时的吉林电视台。虽然，真正聚在一起的时间只有那短短的十几分钟，但我相信，它将会成为我们在场所有的爱颖之人一生中最宝贵的一段回忆之一。

6：30分，当我送走所有人之后，再次仰望了一下天空，落日的余晖映照在我的脸上，显得分外的温柔，我陷入了沉思：虽然我已见过好几次颖了，可在心中我还是不停地问自己，“曹颖”真的存在吗？是啊，她是那么的美丽，那么的善良，那么的可爱！我想除了“女神”一词外，没有任何一个词语能够表达她的一切，概括她的好。而面对这样一位完美的“女神”，你还不懂得去欣赏她、喜欢她的话，朋友，难道你的眼睛是用来喘气的吗？

下面我再举一个较为极端的影迷的例子：

2007年年初，刘德华的疯狂影迷杨丽娟的父亲为支持女儿追星而走投无路，投海自尽之事，闹得沸沸扬扬。自1994年开始迷恋刘德华后，杨丽娟便一直没有上学，也不工作，其双亲为达成女儿心愿，不惜倾家荡产，其父为让女儿筹募赴港见刘德华的旅费，想到卖肾，后来因型号不合适而作罢。当时，杨丽娟已见过偶像刘德华，可是却不满足于只与偶像留影纪念，隔日，其父跳海自杀，留下遗愿，竟是希望刘德华再见女儿一面。对于这一现象，刘德华本人也表示十分愕然，作出了多方回应，斥责歌迷的这种不理智行为，以致酿成悲剧，并表示希望媒体可以通过这次的事件一同正确引导疯狂歌迷的行为。

作为一名成熟的艺人，应该善于维护与影迷之间的关系。影迷既是艺人的崇拜者、追随着，也应是艺人的朋友；而艺人更是影迷们的标榜。艺人应在影迷面前，保持良好的公众形象与较高的素质修养，待人和善，并合理掌控与影迷之间的距离。只有这样，艺人才会被越来越多的FANS喜欢、爱戴。

注重参与慈善活动

作为明星参与慈善工作是件很好的事情。有人认为明星做慈善事业是为了自己的炒作。我个人认为，即使明星是为了炒作，但他（她）毕竟用实际行动捐助了一些人，引起社会关注弱者并带动更多的人帮助弱者，这样就是好的。

海啸灾难牵动艺人心 众星携手赈灾

2004年12月21日，印度洋海啸造成近三十万人遇难，数百万灾民急需救助。这场灾难牵动了艺人们的心，众星携手捐款赈灾。

大陆——

2005年1月9日，在首都体育馆举行的“爱，来自中国”大型赈灾义演的门票在一天之内全部卖出。

不少观众在购票的同时，还热切询问售票现场有没有捐赠箱，希望在购票献出爱心的同时，再捐一些钱，更充分地表达对灾区民众的关心和支持。

“中国人爱心大行动”演出前，冯小刚在化妆间让张国立改朗诵词。冯小刚认为词写得不诚恳，张国立则在5分钟内修改了朗诵词。晚会召集得很紧急，到场演员都没来得及排练，冯小刚干脆在化妆间里当起了导演，不但把表演顺序安排好，还扯着嗓门指挥起了大合唱。

台湾——

台湾东森电视台邀请资深音乐创作人小虫号召40组的台湾歌手，从2005年1月4日凌晨开始到5日凌晨，为此次活动的主题曲《爱》展开接力的录音工作，希望借着歌声，凝聚起所有华人的力量，为赈灾工作付出一份心力。

张艾嘉、张菲首先进录音室配唱。张艾嘉感伤地说：“在这个时候，我们就是要互相帮忙，尤其像台湾也曾深受‘9•21’地震的威胁，相信对于此刻东南亚灾民的心情，更能够感同身受。”而刚好应印度电影节来台的钟镇涛，则是特地把返港的日期延后一天留下来录音。钟镇涛还特地带着14岁的大儿子钟嘉凌同行，以他唱的两句歌词“不要小看自己渺小的力量，你的双手可以拯救无数希望”，找了一个机会教育儿子。综艺大哥张菲则是在前一天率先自掏腰包捐出100万元后，又连同主持搭档黄品源，一起进录音室为主题曲配唱。

除此之外，最特别的莫过于张惠妹捐出一幅亲手画的油画，据了解，阿妹会以南亚风光为题材来创作。虽阿妹学习油画才两个多月，但蓝天、远山、绿树、红花表现得有模有样，看到东南亚灾情如此惨重，她除了捐款21万，也响应世界展望会募款活动，决定捐一幅有她亲笔签名的油画创作提供网络竞标。

香港——

“爱心无国界演艺界大汇演”马拉松式上演，加上之前已举行的“四海一心”晚会和英皇慈善演出，印度洋海啸后香港演艺界迅速行动起来，其团结和高效让人惊叹，记者电话采访了曾志伟、许鞍华等发起者，他们均表示“乐于行善”是香港演艺界的传统，搞大型慈善晚会已是驾轻就熟，再加上有统一的行业工会组织，所以才能如此高效率地运作数台晚会和捐款活动。

从历次的演艺界自发性大型活动的成功经验来看，具有凝聚力的权威业内工会和拥有深得人心、能力出众的领导者是不可或缺的因素。此次“爱心无国界演艺界大汇演”，主要牵头的便是在香港娱乐圈影响最大的组织——香港演艺人协会。香港演艺人协会成立于1983年，该协会首任和第二任会长是许冠文，成龙接着做了两届，然后是梅艳芳，现任会长是曾志伟——四人均是当时公认的业界“一哥”或“一姐”，做事雷厉风行，独当一面，最重要的是，能够一呼百应。

张柏芝自印尼返港时，双眼通红，她表示会以个人名义成立慈善基金，帮助有需要的人，“我要多赚点钱，可能会用半年或者一年的时间存钱，然后背着背囊四处去帮人！”张柏芝透露与张卫健在印尼时，十个人住在三间房而且只吃杯面，未敢浪费赈灾基金。

牛莉：时间让爱永恒

2005年10月29日，慈善事业倡导者——艺人牛莉，在菖蒲河东苑戏楼参加了由中国青少年发展基金会和《钟表》•时尚时间杂志社共同主办的以“时间与爱的永恒”为主题的慈善拍卖活动。

此次慈善拍卖得到了积家、宝珀、名士、豪雅、迪奥、雷蒙威、精工共7个国际高级手表品牌的鼎力支持。名表拍卖所得善款，将无偿用于中国青少年发展基金会开展的希望工程公益事业。“名表示爱”慈善拍卖会是《时尚时间》杂志品牌延伸出的公益活动，旨在联合品牌、钟表爱好者，通过这个平台，回报社会。

拍卖正式开始后，激烈的竞拍场面将拍卖带入高潮。在场的每一个人都仿佛背负着一种使命。随着一声声落锤，他们将爱心顺利地传递到我国失学儿童、艾滋病孤儿手中。牛莉已经连续两年成为“绿色环保大使”，这种使命让她更加地身体力行。在这次活动中，牛莉的义举使她拥有了一所以自己名字命名的小学。“学校地址我都选好了，应该是在承德，不算太远。我可以经常去看看那些孩子，不管多忙，我都要参加学校的奠基、开学仪式。”

作为一个公众人物，牛莉以这种方式奉献了自己的爱心。

曹颖：为白血病患者小白爽献爱心

有一次，我带曹颖去长春宣传她的新专辑，在飞机上她看到一篇关于白爽患了白血病缺钱的报道，她当时未作声，下了飞机后我们做完活动一起吃晚饭时，她才拿出报纸对我说，咱们能不能捐助一下她，听到曹颖这么讲，我十分感动。这么忙碌的一个艺人，这么被人追捧的一个明星，竟然那么细心，那么有爱心！

当时，白爽的家庭条件很艰难，因为孩子的病，让整个家庭走入了穷困潦倒的境地。于是她的父母来到湖边，父亲要跳湖，母亲去拽他时也掉进了湖里，后来被路人救了上来，当躺在病床上的父亲睁眼看到白爽时，父女俩抱头痛哭。

后来，我和曹颖曾一起见到白爽，当她见到自己的偶像时，纯净的目光中闪过一丝喜悦，但那丝欢喜依旧不能掩饰住病魔对她的摧残，依旧不能掩盖住她略比同龄人成熟的内心。当时，我心里在想：这个原本应该享受春天的女孩，原本应该留在校园里跟同学嬉戏玩耍的孩子，如今却不得不坚强地与病魔抗争，这是多么无奈与残酷的现实啊，她是一个令我们怜惜、疼爱的孩子，如果没有人去帮助她，这朵含苞待放的花蕾，也许不能等到夏天的到来，就会枯萎吧？我的心中充满了万千感慨与自责，我想我们应该早点来看她，给她鼓励、信心和希望。曹颖低下身来安慰小白爽，眼泪在眼眶中打转。我对白爽的父亲说：“不能就这样丢弃了自己的孩子，这是男人不负责任的表现。”

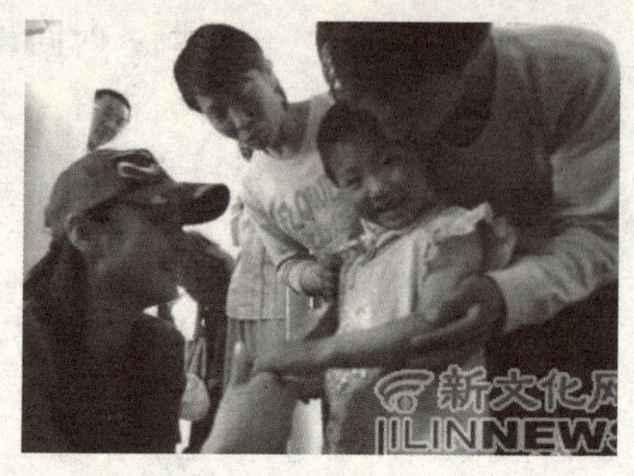

为了救助白爽，曹颖捐了3万元，并拿出了20个自己代言的娃娃进行拍卖，这样终于凑够了她的药费。医学上称，血液病人中有90%是可以靠药物来治愈的，曹颖得知后，又给白血病协会捐了一些物资。

嫣然天使基金会启动

由李亚鹏、王菲夫妇倡导发起的中国红十字基金会“嫣然天使”专项救助基金，专为援助贫困的唇腭裂儿童而设立。这项基金正式启动的时候，李亚鹏、王菲夫妇为该基金捐款100万元。

“嫣然天使”基金是由李亚鹏、王菲夫妇倡导发起，在中国红十字基金会的支持和管理下设立的专项公益基金。据马葭介绍，大概在2006年 9 月份的时候，李亚鹏夫妇有了建立这个基金的想法，他们向中国红十字基金会提交了申请，并捐献100万元作为启动资金。“因为之前和红十字合作过救助白血病人的‘小天使’行

动，有了前一次的合作基础，这次合作非常顺利，对方也是非常支持。”从9月到11月，双方主要就基金会的捐献方式、捐献对象年龄等进行探讨，一切确定后，正式启动了这个基金。

马葭说，让李亚鹏夫妇很感动的是，在他们有筹建这个基金会的想法后，身边的很多好友就陆续加入到捐献的队伍中来，包括即将生孩子的陈建斌蒋勤勤夫妇、孔祥东、范冰冰、刘嘉玲、柯蓝、秦海璐、吴大维、王学兵、张纪中、景岗山、赵薇、郑钧、张瑶、赵琳、李小冉，目前一共有20位明星慷慨解囊。“大家一听说这件事，没有犹豫，二话没说就捐了。”

儿童是社会的未来，儿童是祖国的希望，关心唇腭裂儿童是全社会的责任。希望社会各界广发博爱之心，共同关注嫣然天使基金。

李连杰:启动壹基金

2007年4月19日下午，由著名影星李连杰倡议创建的“李连杰壹基金计划”在北京举行启动仪式。亲身经历印度洋大海啸的李连杰，脱险后萌生创立旨在救助遭受心理严重创伤的受灾人员的强烈意愿，该“壹基金计划”号召各界人士每个人每个月捐献一元钱救助需要帮助的人。

“我在搭建一个平台，一个人类互相关怀的平台。”这位“功夫皇帝”陈述了自己的想法，“我们只有一个地球，我们只有一次生命。每一个人每一个月捐一元钱，就能够温暖我们这一个大家庭中的每一个人。”

“这个基金的主要用途，就是灾后紧急救助和青年心理健康救助。”李连杰亲身经历了印尼海啸，深感灾后救助的重要性，从而萌发创办基金的念头。至于“青年心理健康救助”，他解释：“我年轻时就有些心理障碍。青年人是国家的希望，所以，这是非常需要关注的问题。”

谈起筹办基金的过程，李连杰感慨道：“这两年，我把自己一生的人情都卖出去了。以前都是别人求我拍电影、拍广告，现在是我求别人。不管是老板、明星，还是场记、看门的，只要能为壹基金帮得上忙的人，我都赔笑脸去求他。”他又笑着补充，“这样做我挺开心。”

个人财富和慈善事业之间，有必然的联系吗？李连杰回答：“如果把我所有财富捐出来就能解决问题，那我一定会去做。但事实上，慈善事业需要每个人参与。”

李连杰曾表示，今后会以慈善事业为主业。昨日他强调，自己仍会做个尽职的演员。“继续拍电影，能有助于发挥我的影响力，获得更多人的了解和支持。”

在我这么多年的职业生涯中，让我收获最大的做人原则是：只有帮助别人，才能成就自己；帮助别人总令我感到快乐。

在我从事经纪人工作的过程中，每当看到艺人们参与到慈善事业中并向弱者伸出援助之手的时候，我都会感到热血沸腾，感受到“助人为乐”的真正意义：艺人们是真正地对他人的同情和关心，把别人的困难当做自己的困难，满腔热情地去帮助解决，并从中感受到快乐。这种“乐”是无私的，是与他人的“乐”融为一体的。

出席各类活动时的注意事项

艺人除了参加慈善活动外，平时还会出席其他各类颁奖晚会、主题活动等。因此，在知名艺人受邀参加各种活动之前，经纪人应注意该活动是否适合自己的艺人参加，更要为艺人把关以下几点：

1. 提前确认参加活动的时间和地点。
2. 深入了解主办方、承办方、协办方的资历和资质。
3. 把关活动的形式和内容。
4. 详细地了解活动流程。
5. 了解主办方同时邀请了哪些艺人、宣传媒体。
6. 确定此次活动的服装及造型等。
7. 关注此次活动的影响力。

走上红地毯

就如同运动员以获得金牌为荣耀和目标一样，大家对于艺人的认可，就是看到他们踏上红地毯享受着闪光灯耀眼的闪烁、环抱着各种奖项，当鲜花与掌声将他们环绕，他们感受到的是幸福。

我给大家简单介绍一下国内外关注率极高的影视奖项：

国内奖项——

金鸡奖：“中国电影金鸡奖”创办于1981年，当年是中国农历鸡年，故名“中国电影金鸡奖”，简称“金鸡奖”。中国电影金鸡奖由中国电影家协会主办。

华表奖：“华表奖”是中国电影的最高荣誉奖，其奖杯采用的是北京天安门城楼前的华表造型，每年由国家广播电影电视总局对前一年度完成的各片种影片进行评选。

飞天奖：“中国电视剧飞天奖”创办于1980年，原名“全国优秀电视剧奖”，1992年改为现名。由国家广播电影电视总局主办，为电视类的“政府奖”。

百花奖：“大众电影百花奖”是由中国发行量最大的电影刊物《大众电影》杂志社主办的一年一度的群众性评奖，因此又被称为“群众奖”。

国际奖项——

奥斯卡奖：奥斯卡金像奖的正式名称叫“学院奖”，奥斯卡只是一个名，它的来源由前任影艺学院执行秘书赫瑞克夫人的说法是，她当年入影艺学院担任小职员时，看到一座座发亮的男性裸体金像奖和她叔叔奥斯卡的长相很像，就这样称呼，时间久了反而名成了它的惯用名称。

金熊奖：柏林国际电影节，原名西柏林国际电影节，欧洲第一流的国际电影节之一。五十年代初由阿尔弗莱德•鲍尔发起筹划，得到了当时的联邦德国政府和电影界的支持和帮助，1951年6月底至7月初在西柏林举行第一届。主奖有“金熊奖”和“银熊奖”。

金棕榈奖：前身为“金鸭奖”。“金棕榈奖”乃是戛纳电影节至高无上的大奖，相当于奥斯卡方面的“最佳影片”，因其奖杯为金制棕榈枝，故称“金棕榈”——这是由于戛纳这座法国南部的滨海城市，在金银两色的沙滩上到处种植着高大挺拔的棕榈树。从1946年第一届戛纳国际电影节开始设置。

编　后：

明星，光环的背后

聚光灯下闪耀，众人前瞩目，明星展现给大家的几乎都是光彩的一面。但他们背后付出的辛劳可能是许多朋友看不到的、也想象不出来的。曹颖为了拍戏曾三天没有合过眼，郑爽为了拍武戏险些从5米高的房顶上摔下……

多年从事经纪人工作的经历，让我清楚地看到那些能够踏上“红地毯”的明星，在拥有光环的同时，也在默默地付出，他们期盼自己能够变得更加成熟、更加完美。

也许，只有我们这些每天与他们一起工作、一起开拓的人，才能理解他们的心酸，衷心地希望这些艺人，能够成为一颗永远闪烁的星，希望在光环的背后，在生活中的他们，仍旧拥有一张笑脸！

签约篇

合约，一剂灵丹妙药

毛泽东同志曾用“诸葛一生唯谨慎，吕端大事不糊涂”这句话来赞誉叶剑英同志。“谨慎”是“不糊涂”的基础。一个处事谨慎的人，必然是头脑清醒的人，在大是大非面前不糊涂，即便是在小事小情、生活小节方面也很注意。

作为经纪人，在工作中的疏忽大意，很可能为自己的公司带来巨大损失，给艺人带来难以抹去的负面影响，也会给自己形成难以弥补的不良口碑，因此谨慎的态度显得尤为重要，它是避险之良方。下面这些合同范本是我在日常工作中经常会使用到的，拿出来供大家参考和交流，因为合同是保障双方合法权利的唯一方式，所以我视它为避险良方中的灵丹妙药。

——徐建军——

为艺人签约的相关合同

经纪人与剧组签合约是工作中的重要部分，也是甲、乙双方对于一个项目最终的合作认定。合约有许多种，在这里我只着重谈谈我所经常接触的合约：主要有经纪公司与剧组或影视制作公司签署的影视合约，与广告公司或厂家签署的产品代言合约，与演出单位签署的演出合约。

演出合同的主要内容

与演出方签订的一次性演出合作协议为演出合同。与剧组签订的演出合同内容主要有档期、价格、保险。

意外保险一定要体现在合同里。有一次，马浴柯在饰演《天龙八部》的游坦之时，有一场辽国士兵将其抓捕，并拿他消遣的戏。为了体现出角色的真实性，马浴柯放弃了使用替身，在第二次拍摄时，他意外地将鼻梁摔断。庆幸的是，剧组为马浴柯上了意外伤害保险，并将其马上送往医院救治。这些都是剧组和经纪人无法预知的。拍戏的时候，难免会出现一些安全意外，所以我谈合同的时候会非常注意这方面的问题。

还有就是医疗保险。在剧组拍戏的时候，演员难免会生病，最常见的疾病是感冒、发烧。演员生病所产生的费用，应该由剧组来承担。

演出合约（参考样本）

编号：

甲方：xx文化演出公司　　　　　　　　立合约书人：

乙方：xx艺人公司

甲、乙双方经平等协商，兹就甲方邀请乙方艺人参加于20xx年xx月xx日在xx举办的演出事宜（以下简称“演出”），经友好协商同意订立下列章节条款，以资履行。

一、演出具体安排

1. 演出日期/场次：20xx年xx月xx日，场次：　x　（主持）场

2. 演出名称：

3. 演出城市/场地：xx市，场地：

4. 应邀参演乙方艺人：xx

5. 甲方应在演出前出具本次活动文化主管部门报批同意批文，乙方艺人才能同意参加此次演出，若甲方邀请名称与实际演出名目不符，乙方艺人有权拒绝参与演出。

二、甲方义务

1. 承担演出的乙方艺人所衍生费用（包括但不限于机票的费用、两地接送的交通费用、安全人员的酬金、食宿费用、保险费用等）及支付乙方艺人演出费用，甲方举办此活动之产生其他费用(当地政府主管部门缴纳管理费、支付演出公司的承办费、聘用当地公安保卫及其他工作人员费、场地费、音响费、使用费、演出的广告宣传费、推销票务等)均与乙方无关。

2. 乙方随行人员应为甲乙双方共同确认与演出相关之专业人士，共计：　　人。

3. 演出时，甲方须为乙方人员提供足够的合法进出场地之工作许可证件。

4. 甲方应支付乙方艺人及随行人员往返机票：　　位随行人员，国内机票：　　张头等舱和　　张经济舱来回（乙方凭真实有效机票向甲方实报实销）。

5. 甲方需安排提供支付乙方人员到达演出地期间全程之住宿，甲方需提供五星级酒店或当地同等级五星级高级酒店豪套房　　，标准房　　，乙方经纪人须与艺人同一层楼。

6. 甲方为全体乙方人员提供一切膳食，酒店房间内膳食由主办方支付，但不包括酒类饮品。

7. 甲方负责将全体演出人员的行李、设备从机场至酒店往返的运输（提供艺人专车为xx牌）。

8. 甲方须为乙方在演出前，安排足够的排练和试音时间。

9. 甲方同意绝不要求乙方演出艺人表演期间做出任何危险及有损形象之演出，甲方并保证乙方及其随行工作人员提供足够之安全措施及安全人员。

10. 彩排期间不可安排观众、记者等无关彩排工作之人员在旁观看、拍摄。

11. 甲方于演出活动期间有权执行本合约演出之宣传，寻求赞助及宣传行为，但不可将乙方艺人之肖像与其他商品结合或使用或做其他任何用途，所有出现乙方艺人肖像、姓名之宣传物品须征求乙方同意后方可使用。

三、乙方义务

1. 乙方人员保证演出日期：20xx　年　xx 月　xx日 晚到达演出地，确保正常演出。

2. 乙方艺人除不可抗拒的原因外不得延误本次演出。

四、费用及付款方式

1. 甲方支付乙方本合约演出场次，演出费税后款共计人民币x万元整(RMB　　元整)。

2. 甲方同意本合约乙方及乙方艺人之酬金所涉及中华人民共和国的所有税款(税收费用、税款征缴、捐助等)均由甲方向当地政府申报及负责缴付。

五、付款模式

1. 甲方于演出7日前，将演出费人民币x万元整（RMB　　元整）交付乙方指定的账户。

2. 甲方如未取得合法的有效批文，甲乙双方同意可按艺人档期延期一次，若延期一次甲方仍无法举行，乙方无须退回首付订金。

3. 乙方国内机票往返费用到演出场地后报销。

六、违约责任

1. 本合约书未经双方同意，不得任意变更或终止，双方均应遵守并严格履行本合约各项条款。如任何一方违背本合约规定之义务，另一方有权取消本合约，并由违约方赔偿由于违约给对方所造成的一切经济损失。如在执行本合约中发生纠纷，由当地仲裁机构协调解决。

2. 合约所列各项条款，如发生水、火、地震之天灾及战争动乱之人祸等不可抗拒的状况，使本合约文艺晚会无法如期举行，双方经协商可延期一次或取消本合约文艺晚会，由此带来的经济损失，双方各自承担（如艺人在合约规定的时间内，已到达演出地，一切费用均由甲方承担）。

3. 如甲方违反协议而令演出无法完成，乙方将不予退还任何演出酬金，如乙方违反协议而令演出无法完成，则乙方应退还已收酬金(包括订金在内)。

甲方除上面第2条所述原因以外，无故取消此活动，乙方将不予退还订金。

七、其他

1. 本合约书一式两份，经甲、乙双方签署后生效，双方各执一份为凭（传真件效力等同原件），以资信守。

2. 甲、乙双方于本合约履行过程中如发生争议，应协商解决，如双方协商后无法达成共识，任一方可向当地仲裁委员会申请仲裁(本合约受中华人民共和国法律管辖)。

3. 除甲、乙双方同意，甲、乙双方不可转让本合约书内之任何权利及责任。

本合约签署：

甲方：　　　　　　　　代表人：

登记地址：　　　　　　公司电话：　　　　　　公司传真：

日期：20　年　月　日

乙方：　　　　　　　　代表人：

登记地址：　　　　　　公司电话：　　　　　　公司传真：

日期：20　年　月　日

注：这是个较为标准的演出合约的范本。2005年8月，我同曹颖到青岛参加“国际青岛沙滩节”晚会。当时我们已到达青岛，赶上了罕见“麦莎”台风，造成演出无法进行。当晚组委会与所有的艺人协商改期再举行这场演出，或者让艺人退出部分酬金。当时曹颖觉得此事并非人为，主办方将损失几百万元，于是曹颖决定将全部酬金退回以减少主办方的损失，主办方得知此事很感动，一再邀请曹颖参加改期后的活动。我们协调好时间后参加了改期后的那场演出。合同是死的，但人要有尺度。

电视剧演出合约（参考样本）

甲方：xx剧组

乙方：xx艺人公司

地址：　　　　　　　　　　　　　邮编：　　　　　　　　　　电话：

甲乙双方本着友好合作、平等互利的原则，就甲方在投资拍摄的电视连续剧《xx》中聘请乙方签约艺员　　出演其中　　角色事宜，经甲乙双方协商一致，特订立本协议，以资共同遵守。

1.0 拟拍摄电视连续剧名称、集数、时长

甲方拟制作的电视连续剧剧名（或暂定名）为xx（以下简称“该剧”），拟拍摄20集，每集制作完成播出时间长度为48分钟左右。

2.0 乙方艺员出演的角色与集数

甲方聘请乙方艺员　　出演该剧角色。本协议生效后，非甲方原因，乙方及乙方艺员不得推演、罢演该角色；非乙方原因，甲方不得无故更换他人饰演该角色。该角色预计在本剧中共xx集。

3.0 聘用期限及工作时间

3.1 乙方艺员参加拍摄该剧的工作期为自200x年　　月　　日起至200x年　　月　　日止，含拍摄内转场、转景、异地外景所需往返路程等全部时间。

3.2 乙方艺员每天连续工作时间不得超过14小时，头一天工作结束至第二天拍摄，应有不少于10小时间隔。因拍摄特殊情况需要延时，由甲方或指定导演与乙方艺员协调，乙方艺员在自身情况许可时应尽量配合甲方工作。

4.0 乙方报酬标准

4.1 甲方支付给乙方的演出酬金为每集人民币　　万元整。

4.2 本协议所指的甲方支付给乙方的各项酬金均为税后酬金。

4.3 乙方艺员饰演角色在该剧完成投入播出时，超过本合同约定集数，甲方保证按原每集酬金标准和实际完成集数付给乙方酬金。付酬时间应于最终投放播出集数确定之日起五天之内支付。否则，乙方有权要求甲方加倍支付作为赔偿金。

4.4 该剧投入播出时集数少于本合同规定集数的，甲方仍应以本协议2.0及4.1约定的标准，向乙方支付酬金。

5.0 付款方式

5.1 本合同甲方应支付乙方酬金总额（税后）人民币 拾　万元，按　　万元/集计。

5.2 支付方式为：现金支付。

5.2.1本合同签署之日起一周内，支付10%，即人民币　　元（小写）　万元(大写)。

5.2.2甲方开始拍摄且乙方到剧组三日内，支付30%，即人民币　元（小写）　万元（大写）。

5.2.3甲方在乙方角色任务完成过半时，支付30%，即人民币　　元（小写）　万元（大写）。

5.2.4甲方完成全部拍摄前七日，支付全部酬金余额的30%，即人民币　　元（小写）　万元（大写）。

6.0 其他费用

6.1 如该剧在境外拍摄，甲方须承担乙方艺员出境办理证件、签证费用和食宿、交通费用。

6.2 如该剧在中国境内拍摄，由甲方承担乙方艺员食宿费用、交通费用。

6.3 甲方为乙方艺员在拍摄期间提供住宿客房单间。

6.4 乙方艺员食宿、交通标准按照本协议的约定履行，且最低应享受与其他同级艺员待遇。

6.5 甲方提供乙方艺员首次前往拍摄地、终止拍摄返回驻地及拍摄中经甲方同意往返拍摄地的机票（或等额现金），所需乘坐的航空机票客座等级为头等舱。

6.6 未征得甲方同意，乙方艺员自行食宿，其费用自理（本协议另有约定的除外）。

6.7 拍摄期间，经甲方同意，乙方艺员离组处理与该剧无关事宜，交通费用自理（本协议另有约定的除外）。

6.8 乙方在拍摄期间患病，经甲方指定医院出具有效证明，所需医药费用由甲方负责。因不按操作规程办事，私自外出造成伤残，医疗费用由乙方自负。一般性疾病、慢性病或隐瞒性病史，在受聘期间旧病复发，由甲方自行承担医疗费。

6.9 甲方应为乙方艺员在拍摄期间投保人身意外伤害保险。如未办理保险手续，乙方艺员发生人身意外伤害，所有费用由甲方承担。

7.0 乙方的权利和义务

7.1 乙方应约束其艺员自觉遵守甲方及摄制组的各项规章制度，尽职尽责完成本职工作。

7.2 甲方提前两天通知乙方及艺员对行程周期、拍摄周期、拍摄内容等与之相关的变更和调整；如果因为甲方通知不及时而导致乙方艺员的延误表演或空往返拍摄地造成的损失及责任由甲方承担。

7.3 乙方艺员有权拒演所有涉及色情、裸露、与国家法律法规及政策相抵触的内容的演出。

7.4 乙方应爱护剧组财产，非正常使用导致剧组财产损坏，应照价全额赔偿。

8.0 甲方的权利和义务

8.1 甲方有权更改该剧剧名，修改剧本及更改拍摄外景地等。

8.2 拍摄期间，甲方有权监督和管理乙方艺员的工作安排。

8.3 拍摄期间，甲方有权利根据剧情需要及导演要求为乙方做造型改变。

8.4 甲方有权利要求乙方配合本剧宣传工作。但是，甲方须提前5天通知乙方，并负责乙方的食宿和交通费用。

8.5 甲方应为乙方艺员在拍摄现场提供良好的休息条件。

8.6 甲方应按时、按期向乙方支付酬金。

8.7 在合同有效期内甲方为乙方投保意外伤害险。

9.0 权利归属

电视剧《xx》的全部著作权以及相关人物造型、美术背景、音乐剧照等的著作权和所有权均属甲方所有，未经甲方授权，乙方不得进行商业性使用。

未经乙方授权，甲方不得将乙方在电视剧《xx》中的人物形象用于该剧之外的商业广告。

10.0 署名

乙方在电视剧《xx》中享有署名权，在片头或片尾字幕、宣传报道、宣传品中，甲方有权决定乙方艺员的署名位置以及署名方式。

11.0 违约责任

11.1 甲、乙双方如发生下列情况者，则视为违约。

11.1.1 乙方艺员无正当理由，拒不执行甲方工作安排。

11.1.2 乙方艺员无正当理由，中途拒演、罢演。

11.1.3 乙方未通知甲方，单方面停止执行或修改、变更本协议条款。

11.1.4 甲方未按协议规定时间支付乙方报酬。

11.1.5 甲方未经乙方及艺员书面同意，单方面停止执行或修改、变更本协议条款。

11.2 如发生违约，守约方有权要求违约方支付违约金　　万元，如违约金不足以弥补守约方损失，违约方应赔偿因此给守约方造成的一切损失。

12.0 其他

12.1 遇不可抗力造成停拍、拍摄周期延长，甲、乙双方协商决定合同期延长相关事宜。

12.2 协议未尽事宜，经双方共同协商，并另行签署补充协议，补充规定与原协议不一致之处，以补充协议为准。

12.3 本协议所产生的一切争议、纠纷、违约，甲、乙双方应通过友好协商的方式解决。如协商不一致，则任何一方当事人均有权向双方单位所在地的人民法院提起诉讼，依法裁决。

12.4 本协议一式三份，甲方执两份、乙方执一份，具有同等法律效力。自甲、乙双方签字盖章之日起生效。

甲　　方：　　　　乙　　方：

签约代表：　　　　签约代表：

签约日期：　　　　签约日期：

我对影视合约的主要条款做些介绍

合约中的1.0和2.0部分主要是明确该部电视剧的拍摄集数及艺人在该部电视剧中出演的集数。

在2.0中一定要明确出演集数，因为有些制作公司在后期剪辑中有可能超出约定集数。

为了保护自己艺人经济不受损失，特在合约4.3中加此保护条款。合约中3.2条款是保护艺人休息的权利，使其保持充沛的体力、精力来完成对角色的创作。当然，具体的情况还要具体对待。如剧组要在很短的时间抢拍一些特殊的环境镜头从而需要演员配合，在工作时间上有所超出也是可以理解的。

合约条款5.0中付款方式也较为灵活，除合约所示比例外，也可按30%、30%、40%的比例支付。合约条款中6.8一项一定要写明确。

陈小艺在拍摄某电视剧时因拍夜戏感冒产生医疗费用，我及时与剧组沟通，按照条约，剧组支付了所有的医疗费用。

广告合约（参考样本）

——广告演出及肖像演出合约书

甲方：xx厂家

电话：　　　　传真：　　　　地址：　　　　　　　法人：

乙方：xx艺人公司

电话：　　　　传真：　　　　地址：　　　　　　　证件号码：

甲、乙双方在遵守《中华人民共和国广告法》基础上，甲方意欲聘请乙方，为甲方（产品）拍摄广告片及平面广告以供用于本协议期内担任形象代言人及宣传客户之系列产品。双方特此同意如下。

一、甲方付予乙方（产品）形象代言费人民币　　万元整（个人所得税金在甲方支付乙方全部形象代言费后三日内由甲方负责缴纳，并向乙方出示真实的税务部门完税凭证及留存复印件），乙方同意参与以下之广告演出服务。

二、乙方提供演出服务为

1.影视广告拍摄壹次，拍摄周期不超过两个工作日，每天不得超过十小时，不足十小时亦作一天计算。此工作日不包含乙方从所在地到达拍摄地的差旅时间和住地到拍摄地的时间，但包含所需参与的前期筹备工作（包括化妆、发型）。

2.影视广告片为壹条，甲方可套剪不同长度版本。

3.平面广告拍摄壹次，拍摄周期不超过一个工作天，每天不得超过十小时，不足十小时亦作一天计算，拍摄及使用张数不限。此工作天数不包含乙方从所在地到达拍摄地的差旅时间和住地到拍摄地的时间，但包括所需参与的前期筹备工作（包括化妆、发型）。

4.实际工作天数为不超过三天（平面广告一天，影视广告两天）。

（1）影视广告拍摄地点为：

（2）平面广告拍摄地点为：

（3）影视广告拍摄时间为：20xx年　月　日期间。

（4）平面广告拍摄时间为：20xx年　月　日期间。

（5）有关一切拍摄日期和工作，如遇特殊情况需作修订（延迟），双方协商顺延或另行安排拍摄时间。

（6）如果平面广告或影视广告需要重新补拍时，甲方需提前向乙方提出申请，乙方将根据档期与甲方确定拍摄时间，酬金另议。补拍内容不得超出原故事脚本内容。

电视广告包括：有线、无线电视台，电视贴片，电影贴片等；平面宣传印刷广告包括：公司简介、宣传画册、宣传单张、海报、广告袋、室内外灯箱、广告牌、终端展示、路牌、立牌、柜牌、报纸、健康杂志等。（以下合称该广告）

经甲、乙双方协商，乙方的肖像不能印制在产品的外包装及说明书上。

三、制作方面

1.影视广告片的拍摄及制作机构为：甲方指定。

2.所有广告拍摄的美术指导和平面广告的摄影师由甲方指定。美术指导及摄影师因拍摄制作、交通所产生的费用由甲方承担。

3.制作需离开北京到外拍摄时，则甲方同意提供及支付乙方演出期间的机票、膳宿及交通费用。

（1）机票：提供艺人头等舱往返机票，经纪人和助理经济舱往返机票。

（2）酒店：提供位于当地之四星级酒店标准房或同等规格公寓。

4.影视广告宣传片在正式拍摄前十二天甲方需向乙方提交故事版本、脚本、旁白。广告内容中关于甲方产品之功用必须真实可靠并严格遵守《中华人民共和国广告法》的有关规定，并无损于乙方形象。乙方有权对脚本提出修改建议。确定后的故事版本、脚本、旁白经双方签字确认，并在拍摄中严格按脚本执行。

四、使用权

1.所拍摄的广告版权归甲方及甲方客户所有，乙方肖像权的使用地区范围为中国大陆（不包括香港、台湾、澳门）。

2.拍摄的剧照版权归甲方所有，甲方及客户保证除在　　（产品）之公关活动中使用该照片宣传该产品为目的外，不会用作为带有其他商业价值的实际用途，否则以违约论处。

3.于本协议制成的该产品广告片、平面广告（及相关印制品）的使用时间即从20xx年xx月xx日起至20xx年xx月xx日止，代言期为24个月。因市场实际操作原因，甲方户外、宣传品等更替需要一定周期，乙方应予理解并同意适当延长更替周期，但甲方更替相关材料的时间，最迟不应超过6个月。

4.本合同期满后，甲方如有意继续使用原有的电视、平面广告内容，须提前壹个月与乙方重新签订延长形象代言使用合同及细则，延长使用期限原则为壹年，甲方需另支付乙方　　万元（个人所得税金由甲方负责缴纳）形象代言费。

5.甲方及客户所拍摄由乙方演出之广告物，其版权为甲方所有。根据本协议下允许之情况使用。在本协议有效期届满后，如甲方不再续约，甲方同意立即停止继续播放广告片，并停止在平面广告上使用乙方肖像。

6.如果甲方在未续约的情况下，继续使用含乙方肖像的电视及平面广告，甲方需赔偿乙方损失。有关赔偿以每月人民币　万元整计算。直至甲方停止使用为止。

7.在协议有效期内甲方及客户有权在本合同约定之产品的促销活动中，运用或提及乙方姓名和使用乙方的签名。

五、付款方式

1.签约之时甲方以现金形式支付乙方首期费用为人民币　　万元整。

2.甲方于广告拍摄前一周20xx年　月　日将剩余款项人民币　　万元整付予乙方。

3.如甲方在广告拍摄前未能按此协议书付清各款项给乙方，乙方有权拒绝拍摄，即此协议书无须通知自动终止，甲方不能再使用任何与乙方相关之广告物。

六、保密协议

1.未经其他协议方书面许可，任何一方都不得向他人公开及向公众公开发报或透露相关协议条款中财务上或其他方面的任何信息。

2.广告未公开前乙方对拍摄内容保密，防同类产品仿效，乙方不得发表对产品有损之言论。

七、乙方的权利与义务

1.如甲方在协议期需要乙方及艺员做多于壹次之关于本合同约定产品的平面摄影，在乙方艺员同意的情况下，则甲方同意按每个工作日（每日不超过十个小时）额外付乙方人民币万元整（个人所得税金由甲方负责缴纳），款项在当天工作结束时付清。

2.如甲方在协议期需要乙方及艺员做多于壹次之关于本合同约定产品的影视拍摄，在乙方艺员同意的情况下，则甲方同意每个工作日（每日不超过十个小时）额外付乙方人民币　　万元整（个人所得税金由甲方负责缴纳），款项在当天工作结束时付清。

3.在协议有效期内，乙方同意不再受聘为其他同类竞争产品代言。但当协议期满后乙方有权接受其他同类产品广告及工作。

4.乙方应配合甲方拍摄前的各项相关事宜，并遵守拍片通告及时间、地点等合理规定。

八、一方违反协议，另一方有权随时终止履行义务，并保留要求赔偿之权利。

九、除双方书面同意外，任何一方均不能将协议或协议之任何权益及责任转让，且双方保证此协议书一切条文皆为保密。

十、合同的订立、履行、变更、效力、解释及争议的解决均由中华人民共和国法院管辖（不包括特别行政区法院）。因本协议引起的一切争议，双方首先应通过友好协商方式解决，如协议不成，任何一方均可将争议提交中华人民共和国法院依法裁决。发生任何争议以及就任何争议进行诉讼时，无损双方在此协议书下之任何权利，包括不限于终止本协议的权利。

十一、甲方须向乙方提供：产品许可证，商标使用许可证、国家的产品质量检测证等副本复印件备案。甲方保证提供资料真实可靠，产品一经发现质量或相关问题，则与乙方及艺人无关。

十二、本合同一式两份，甲、乙双方各执一份，此合同自签字之日起乙方收到第一期款后生效。未尽事宜双方可续签补充条款及增加合同附件。

十三、乙方在合同签订后需附上本人身份证复印件或证件号码给甲方，甲方方可付款。

甲方：　　　　代表：
地址：
电话：　　　　传真：
法人：
日期：

乙方：　　　　代表：
地址：
电话：　　　　传真：
艺员：　　　　证件号码：
日期：

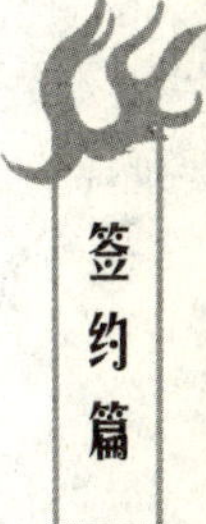

缴纳个人所得税

纳税是每个公民的责任。向国家有关机构报税、纳税是工作必不可少的组成部分。艺人也应严于律己。根据税法，向你支付工作所得款项的单位或个人，有义务为你代缴个人所得税，但请切记在你接到款项时，向付款人索要由国家税务部门开具的个人所得税发票。正规的经纪公司有专人为艺人处理此事。

处理好纳税事宜能够建立良好的社会信誉和信用，尤其艺人是社会和行业人士经常聚焦的焦点，更应该在税务问题上起表率作用。

编 后：

最终达成合作的体现

这三个合约书是我在多年从事的经纪人工作中不断总结、提炼和完善的，它具有较强的实用性。合约是建立在平等的基础之上的，它能使甲、乙双方的利益得到最大的保障，避免合作中发生不必要的纠纷。双方的签约，也是最终达成合作的具体体现。

引 言

在本书中，我们谈到了艺人能够成功地走上红地毯，首先依靠的是他们自身的素质与不懈的努力，其次是经纪人对他们的帮助；然而艺人的整体形象，也是他们迈向成功的关键。因此，我们请著名的影视化妆造型师陈敏正老师在下面的造型篇中为大家阐述化妆造型对艺人的作用。

随着中央电视台和北京电视台搬至朝阳区，会有更多的文化公司进驻这里，届时也会有更多的文化经纪人来到朝阳区工作。在下面的合同篇中，我们采访了朝阳区工商局副局长赵学山，请他来谈谈朝阳区作为北京文化创意产业的强区，在推动文化创意产业的发展方面起到了哪些至关重要的作用，并同时为我们介绍一下八类与创意产业相关的合同示范文本。

在此，再次感谢陈敏正老师、赵学山副局长为本书提供的精彩内容！

造型篇

巴尔扎克对人的面容有过十分精彩的比喻："那就像一片干涸了的湖底，从中可以看到所有养育过它的一切的遗迹。"随着社会的不断发展，人类文明在不断进步，人们的审美习惯在不断改变，影视造型在影视创作中的艺术作用和审美价值也在不断发掘，化妆造型的作用将会为影视演员、各类艺人和广大观众所认识，对化妆师的要求必然会越来越高。影视化妆是一门综合性艺术，因此作为一个化妆师，不仅要练就扎实的基本功，还要加强自身的修养，更要掌握更多的新技法。我们的造型意识、观念形态也要跟着社会、跟着时代不断改变和更新，以便使我们手下所描绘的艺术形象更耐人寻味、经久不衰。

—— 陳劲飞 ——

艺人对化妆师的期望

影视剧作为一门综合性艺术，是人类科技发展到一定阶段的产物，是继承、吸收和综合了人类不同艺术的诸多表现方式后形成的一种新的艺术表现形式。影视作品比其他艺术形式能更有声有色地反映生活、模拟生活、再现生活。其逼真性是人类已有的任何艺术都无法比拟的。但逼真地反映生活、再现生活，并不是影视艺术的最终目的。影视作品作为一种艺术形式，在表现内容上与其他艺术一样，都是把人类的情感世界作为自己的核心对象。逼真地再现生活，是为了更好地表现人的情感及状态，以其表现出人在不同时刻、不同环境、不同状态中的各种微妙的情感，使人们在物质世界、精神世界之中，不断完善自己的情感世界。

优秀艺人一般对化妆师的期望值会非常高，他们希望化妆师做到100%。

当我们化妆师越能真实地再现完整生活的外在形态时，我们就越能深切地体会和把握人内在的情感世界。因此，逼真地再现生活是为了逼真地表现人的思想情感。但是，当我们在深入地分析展现在银幕上的生活形态时，我们发现，其实生活原本就是由光和影两者共同构成的。没有光亮，银幕上只是一片漆黑；没有影，银幕上也是一片空白。而银幕上的运动则是人的眼睛滞留现象与心理上的“似动现象”的产物，而且那展现在银幕上的生活也不是真正的不同于现实的生活，它似乎和生活一样，其实只是生活的影子，是幻想的生活，是影视艺术家创造的一个五彩缤纷的梦。

一部成功的影视作品，是由许多不同的部门共同摄制创作完成的。银幕的视觉效果主要是由可见的人物造型、环境造型和摄影造型来完成的。化妆师、服装师和演员是人物造型的创造者，他们对营造形象美、画面美负有直接责任，是构成整部影视作品审美价值的重要条件之一。

影视化妆作为“形象构成”的一个重要元素，是电影的一种语言。化妆师的工作也是在创造电影语言。这种语言的内涵是丰富的，含义是深刻的。电影化妆作为造型的元素，成为电影的一种语言，有着一般文字语言所不可比拟的作用。优秀的人物造型能够使人产生联想，联想到社会，联想到人生。这样的艺术形象必然具有审美价值和认识价值，它的社会性、哲理性也是显而易见的。化妆造型的任务是调动一切化妆手段，对演员的容貌进行描画、雕琢，塑造出比较准确生动的剧中人物的外部形象，以诱发演员心理、情感、神态等内心世界的变化。通过外部形象的准确刻画，往往能改变演员的气质，以便与剧中人物的精神状态和气质风度相一致。这样的化妆造型可以说达到了形神兼备的境界。

化妆师如何提升新人价值

优秀化妆师对提升演员知名度方面可以起到40%的作用，优秀化妆师能为艺人塑造纯生活状态下、出席活动和拍摄平面宣传片的不同形象，且应该做到得体，只有这样才能对提升艺人的人气指数起到作用。

通常情况下，化妆师对剧本的研究、理解和剖析，是有别于一般读者和文学家的，化妆师依据影视化妆造型艺术的审美特性，把文学对人物描写的内心视像，翻译成直观的可视形象，是化妆师所应具备的艺术修养和审美素质。

影视化妆师对剧本的理解和所设想的人物造型构思，必须和导演的创作意图相吻合。影视导演是一部作品的艺术结构、色彩基调、造型风格、音响构成等的总设计师。他好似乐队指挥，每件乐器发出的音质高低快慢都必须在他的指挥下完成。影视剧中的化妆造型犹如乐队中的某件乐器，必须按照乐队指挥的意图发音，否则演奏者不按指挥意图行事，自己随意奏出杂音，势必会使整个演奏不和谐而受到破坏。可见影视造型艺术是要以剧本人物为依据的。

影视化妆造型，题材是文学剧本决定的，为化妆师提供的主要创作材料（演员的面容）是导演决定了的，然而演员的外貌提供化妆师的可塑性往往是极有限的。完全有别于可以独立完成自己作品的肖像画家和雕塑家。他们所从事的创作活动和艺术构思是不受任何局限的，依据作品要表现的内容需要和所追求的艺术效果，他们可以选择各种不同的材料，如：青铜、大理石、石膏、各类绘画颜料，甚至麻布、泥土等，以他认为最富于表现力的创作技法去完成他的作品。影视化妆造型艺术家的创作活动，就不能有肖像画家或雕塑家那种创作的随意性。

当一个化妆师面对一名艺人的时候，不管对方是新人还是明星，都应该用同样的心态，在这种心态下工作，所做出的造型往往会比这个艺人平时随便做出来的造型出彩很多。当然，这名艺人一定要有潜质！另外，这名新人的造型是否成功，也取决于很多综合因素，比如：灯光、拍摄以及后期的修片等。

化妆造型对人物塑造的作用

一部分优秀的影视作品，往往需要依靠化妆造型师塑造的形象来表现其个性，突出演员的性格魅力。性格妆造型一般指人物外形的个性特征比较鲜明的化妆造型。或者换一种说法，就是通过化妆手段，使演员的面孔改型很大，甚至看不出演员的本来面貌，而使之融入角色的一种化妆。这就并不指性格而言，还应包含阶级的、时代的、社会的等特点所给予人物外形的不同特征。所以，性格妆的造型形象，是具有阶级性、时代性以及与人物的性格、身份、地位及人生命运等特征有关的鲜明性的。人物性格的外在表现是非常复杂的现象，从来没有固定的模式。优秀的化妆师应凭着长期的生活积累和对生活的感受，凭着长期的创作实践和审美实践而建立的审美意识和审美素质，凭着自己的特殊的艺术感觉和形象思维活动，发现和创造出与人物外在特征相统一的人物性格特征。银幕上一个典型人物的创造，需要多方面的塑造和刻画，性格妆造型则是这诸多因素中不可缺少的和重要的因素，其重要性就在于性格的刻画总是体现时代、社会和阶级的特征，具有很大的概括性，“对生活的现实有所涵盖，对实践的历史有所提示”。这不仅有审美的功能，也有认识的功能。

为使人物性格特征更加鲜明，经常运用各种细节手段，如改变头型结构、五官比例、皮肤色质以及运用须发造型、装饰物件等方法，来增强和突出人物的性格特征。其中包括生理现象的细节、社会环境的细节、生活经历的细节、风俗习惯的细节、趣味爱好的细节以及文化教养、环境熏陶等所赋予人的外部特征等。人们生活在各种各样的环境里，接受不同的文化教养，受到不同的熏陶，形成了各自的情趣和爱好。不同地区、不同民族都有自己的不同风俗习惯。风俗习惯、趣味爱好都是艺术家为刻画人物而苦心探索的领域，以便准确地描写人物的身份、地位、职业、时代、地区、民族的特征。譬如，发式、胡型、装饰打扮等，除了表现人物的个性特征之外，对表现时代特点、地区特点、民族特点等，都是十分重要且具有表现力的细节。

生活像广阔浩瀚的大海，纷繁复杂，变化无穷。我们是搞人物造型的，就应该观察、研究各种各样的人、形形色色的人。从大处看时代的不同，由于经济、文化、政治、道德等诸多因素的影响，必然会打上时代的烙印，赋予人以时代的精神面貌、思想状态，并且外化为行动、习惯、语言，以至于穿戴打扮。社会地位不同的人，由于经济条件、文化教养等的差别，也会具有不同的阶级烙印和职业的以及其他方面不同的特征。人的性格各种各样，我们就是要探究各个不同的人，处于不同的社会环境，有着不同的社会关系，怎样形成了不同的性格。人的性格既有先天的一贯性，又会具有不同经历所留下的各种明显的变化。性格的不同，会形成不同的外部特征。

巴尔扎克对人的面容有过十分精彩的比喻：“那就像一片干涸了的湖底，从中可以看到所有养育过它的一切的遗迹。”性格妆造型就是要充分运用这“一切源泉的遗迹”，塑造出容貌各异、神情气质不同、特定经历不同的形象。一个人的性格、气质、修养、思想感情等，都会不同程度以不同的形式反映在容貌上。把角色内部最本质、最性格化的特征显示在演员的外形上，是性格妆造型的主要任务。如电影《惹事生非》中村长的形象，我们给句号把头发剪成符合西北风情的所谓的“坎头”，架上一副土气的眼镜，并把眼镜打磨做旧，还要在眼镜腿上缠上一些胶布，为的是来表现这副眼镜的破旧和用的时间的长久。此时的句号诙谐地说：“看让你们把我毁成什么样了。”

随着社会的不断发展，人类文明在不断进步，人们的审美习惯在不断改变，影视造型在影视创作中的艺术作用和审美价值也在不断发掘，化妆造型的作用将会为影视演员、各类艺人和广大观众所认识，对化妆师的要求必然会越来越高。影视化妆是一门综合性艺术，因此作为一个化妆师，不仅要练就扎实的基本功，还要加强自身的修养，更要掌握更多的新技法。我们的造型意识、观念形态也要跟着社会、跟着时代不断改变和更新，以便使我们手下所描绘的艺术形象更耐人寻味、经久不衰。

当他们成为璀璨明星时

当艺人还是新人的时候，他们必须要有一份比较详细的艺人资料，不仅仅要包括照片，而且要有各种扮相的照片，因为导演往往没有太多的时间和精力去凭空想象你是否适合剧中人物，他们需要的是直观感受。但是，这并不意味着，新人要做出所有的造型，拿给导演看，而是应该找到适合自己的、能够突出自我个性及价值的形象。

演员萨日娜

一位天才的演员可以扮演剧中不同类型的角色，有时甚至能够扮演与自己年龄、身份、民族、性别等完全不同的角色。比如，我曾为萨日娜在《闯关东》中做的造型。这个角色是从其三十多岁一直扮演到老年，这不仅需要演员有过硬的表演功底，更需要化妆造型师运用一些得当的技巧。化妆造型后的角色形象，绝不仅是让演员顺利完成导演的拍摄，还要让观众看不出端倪，让演员更加得心应手、全力去表演。只有这样，演员才能被观众接受、喜爱；而化妆造型师的工作也同样得到了认可！

又如我国著名的戏剧表演艺术大师梅兰芳先生，以精湛的表演艺术在舞台与银幕上成功地塑造了许多真实生动、感人肺腑的不同阶层的妇女形象。我们可以设想一个男人扮演女人，如若不借助化妆师的一臂之力，单纯靠自己的表演和清唱，是很难达到完美艺术境界的。

陈敏正为萨日娜在《闯关东》中做的老年造型

梅先生晚年曾在北影拍戏曲艺术片《游园惊梦》时已年逾古稀，额部及鼻侧的腾蛇纹都暴露无遗，膨胀的下眼帘和双下巴都说明人已步入老年的高龄，如若不通过化妆的手段加以改造弥补的话，梅先生带着老年男人的面部特征走上舞台和银幕去扮演一位年轻女子谈情说爱的戏剧情节，即使他的嗓音再好，表演如何细腻，恐怕也难把观众带入戏剧规定的情景之中。梅先生在他撰写的《我的电影生活》一书中，特别提到他和电影化妆师合作的经验："至于我的化妆光润、匀净是比较满意的，回忆1955年拍《梅兰芳的舞台艺术》时，我基本上用舞台化妆方法，没有收到应有的效果，这次我把责任全交给了化妆造型师，我只在必要时提出些要求。今天，从银幕上看，这办法是对了，拍戏曲片面部化妆一定要采用电影化妆技术，同时还要达到舞台化妆应有的效果，又要高于舞台化妆，因为它不仅可远视，还宜于近看。今天看到几个近景，面部化妆既与头饰、贴片及戏服等相协调，而且自然美，所以大家都认为是化妆技术的成功，对于一部戏曲片来说也是急需探讨的。这次打破了以往偏重于舞台化妆的做法，使电影化妆和舞台化妆融合起来，达到光润鲜明的程度。可见影视化妆创作是与表演艺术密不可分的。"

影视化妆造型不同于生活美容和时尚化妆表演，前者必须尊重戏剧中所规定的人物性格化特征以及戏剧情节发展的需要进行造型，有时丑陋、有时靓丽。生活美容主要着重于修饰与弥补。所谓时尚化妆重在演示，极少适用于生活，随意性大，与完整的戏剧、影视艺术造型相比有档次的区别。

影视化妆师的创作离不开表演艺术，没有演员的精湛表演，再完美的化妆造型也就没有了生命。创作实践丰富的老演员，每接到一个新剧本，需要创造一个崭新的人物形象时，都十分重视自己外部形象的塑造。这不仅表现在年轻演员扮演老年角色，或老年演员扮演年轻角色方面，扮演与自己年龄相仿的现实题材的作品也需要使自己的形象特征更富于性格化。

而且，当艺人逐渐被观众和导演认识后，他们便会很注意观众对自己形象的评价，因此在自己的形象得到大家肯定的同时，艺人们也会明确化妆师的重要性。而且，作为一名优秀的化妆师要清楚地知道，观众关心的是你为艺人塑造形象的结果，这个形象是否好看、精致、完美；而影视剧的制作方则更注重化妆造型师为艺人塑造形象的过程。优秀的化妆师应该权衡好双方的需求，才能不断的提高。

编　后：

与艺人共享“红地毯”

随着文化产业的不断发展，影视化妆也逐渐形成了一门新兴的专业学科，有着自身特有的属性。

任何艺术的生命都在于创造，影视化妆造型艺术亦然。如果在我国长足发展的电影电视艺术领域中没有创新、没有发展，那么它就失去了自身存在的价值。就目前来说，当今各种新的影视艺术表现形式的出现，意味着要对传统中某些旧的、过时的化妆造型表现形式予以突破和否定。不过，在影视化妆艺术的发展过程中，继承借鉴和革新创造是密切地联系在一起的，二者缺一不可。继承借鉴是革新创造的基础和前提，而革新和创造又正是对遗产的最好继承。影视化妆造型艺术，是绝不能违背艺术的特性、规律和要求的。这样才能有利于影视化妆造型艺术的健康发展，也有利于化妆师提高自身的艺术修养。

另外，影视化妆造型对于一名艺人的发展也是至关重要的，它是艺人成为明星的推进器，也是成功塑造公众形象不可缺少的元素，可以说任何一名艺人想要成功地走上“红地毯”，都不能缺少化妆造型师在幕后为他（她）的付出。

看过“造型篇”后，我想读者一定了解到，影视化妆造型行业在未来必将会蓬勃发展，那么如果你对它激情满怀，勇于创造、创新，并加以不断的实践、学习，就有机会成为一名出色的影视化妆造型师。

合同篇

随着区域开放度不断扩大，国际化程度不断提高，北京朝阳区的文气、商气日益浓郁。国内外知名文化创意机构、企业、人才、资金将加快向朝阳聚集，目前已有很多经纪人活跃在这个地区，由此可见，朝阳已经成为了文化创意的强区。

在朝阳区，798工厂、潘家园、三里屯等带有鲜明符号的文化创意集聚区是文化创意产业的“明星”，而CBD功能区、奥运功能区、电子城功能区是朝阳文化创意产业幕后默默的“助推器”。

报以“取经”的态度，玫玫对朝阳区工商局副局长赵学山进行了采访。采访中，赵学山副局长还拿出了朝阳区工商分局已经制作出涉及文化创意产业八个方面的合同指导文本供大家参考。

对北京朝阳区工商局副局长赵学山的采访

玫玫：在朝阳区，文化创意产业类型的公司有多少家，占北京的比例是多少？它们都有哪些特点？

赵学山：据2004年第一次经济普查数据显示，朝阳区文化创意产业增加值约为50亿元，企业总量6937家，资产总量531亿元，营业收入220亿元，实现税收10.9亿元，就业人口10.5万人。产业增加值约占全区GDP的4.7%，占全区第三产业增加值的5.8%，约占全市文化创意产业总量的14%。优势行业充分显现，逐步形成了电视、电影、文化商务代理等三大潜力行业。其中，广告业在企业总量、资产总量、营业收入、税收贡献、提供就业方面，均占据文化创意产业各行业首位。

2007年，朝阳区文化创意产业继续保持快速发展势头，截至5月份，朝阳区共有规模以上文化创意产业企业1107家，资产总额816.42亿元，同比增长20%。2007年1～5月份，实现收入374.83亿元，同比增长26.9%；上缴各项税金合计11.8亿元，同比增长20.1%；从业人员达10万人，同比增长20%。具体来看，朝阳区文化创意产业发展具有如下几个特点：

一、经济总量快速增长，主体地位逐渐确立

从朝阳区文化创意产业总体经济发展情况来看，资产总额、实现收入、税收贡献等主要经济指标均保持20%以上的增速，远远高于地区生产总值的增速，798、潘家园等已认定的集聚区加快发展，公共技术服务平台建设和服务体系建设快速推进，作为朝阳区重点发展的三大高端产业之一，文化创意产业在区域经济中的主体地位逐渐确立，预计，到“十一五”末，文化创意产业实现增加值占朝阳区地区生产总值的比重将达到12%，总收入超过1500亿元，成为朝阳区经济又好又快发展的重要支撑。

二、主导产业优势突出，居全市领先地位

作为实现北京市文化创意产业战略的重要承载，朝阳区文化创意产业的快速发展成为推动北京市文化创意产业发展的重要支撑力量。从总量来看，朝阳区文化创意产业企业数量、资产总额、实现收入、税收贡献等指标均占全市的1/5强，其中广告会展、艺术品交易、文化旅游等主导产业实现收入占全市的1/3以上，特别是以文化商务服务为主导的其他辅助服务业实现收入占全市的近60%。朝阳区以金融产业为龙头的现代服务业快速发展，形成了对广告会展、文化商务服务的巨大市场需求，成为拉动文化创意产业快速发展的核心力量。而随着潘家园古玩艺术品交易中心被认定为市级文化创意产业集聚区，其享誉国际的全国古玩艺术品交易中心地位进一步确立，无论从产品种类、数量还是交易额看，均占全市绝对主导地位。

三、各集聚区蓬勃发展，引领产业集聚集群

朝阳区各项工作快速推进，采取积极措施推动集聚区发展，从建立机制、加大政策扶持、服务平台搭建、环境绿化美化、市政设施完善、健全配套服务等方面着手，推进集聚区发展，已认定的11个文化创意产业集聚区保持快速良好发展势头。2006年，潘家园古玩艺术品交易园区交易额超过20亿元，实现利润3600万元，税收收入1013万元；惠通时代广场年销售总收入逾300亿元，出租率100%；798艺术区集聚各类文化艺术机构354家，美国《时代周刊》将这里评为最有文化标志性的22个城市艺术中心之一。各文化创意产业集聚区的集聚带动作用初步显现，在全区初步形成文化创意产业行业小集聚、产业大集群的发展格局。在集聚区的蓬勃发展和政策引导作用下，朝阳区新的集聚区不断涌现，竞园、酒厂艺术区、通惠河沿岸文化产业带，崔各庄艺术产业区等渐成气候，各集聚区之间各具特色、相得益彰、相互促进，为朝阳文化创意产业发展提供了源源的动力。

四、资源积淀丰厚，发展潜力巨大

据有关部门预测，央视和北京电视中心的入驻将带来超过1万家的上下游企业集聚，而朝阳区固有的人民日报、北京青年报、北京人民广播电台、时尚杂志等传媒资源和90%的外国驻京新闻机构，加上凤凰卫视，时代华纳，昌荣传播，新传国际，维亚康姆，欧洲广播联盟CNN、VOA、BBC，纽约时报等著名传媒机构的入驻，将进一步强化朝阳区文化传媒产业的发展潜力。《北京市“十一五”时期文化创意产业发展规划》明确提出CBD广播影视产业集聚区作为北京市广播影视节目制作和交易的发展重点，朝阳区已经初步具备成为未来全球华语传媒高地的有利条件。另外，三里屯、潘家园、秀水街等时尚消费和特色市场以及众多的星级宾馆、饭店将进一步推动朝阳区以商务旅游、特色旅游为主的文化旅游快速发展，鸟巢、水立方正在成为代表新北京形象的旅游景点，也将促进朝阳区文化旅游行业的发展。坐落于朝阳区的以鸟巢为代表的众多奥运体育场馆，在2008年奥运会后将成为举办各类体育赛事和文艺演出的重要场所，是朝阳区文化创意产业快速发展的又一动力源。

玫玫：随着中央电视台和北京电视台搬至朝阳区，会有更多的文化公司进驻这里，它将会成为最大的文化创意产业区。随之产生的各种要素是否会使朝阳区变得更加有特色和有竞争力？主要表现在哪些方面？

赵学山：各地的理论研究和工作实践都表明，资本、中介服务、交易传播渠道、人才、技术等产业要素是影响和决定文化创意产业发展的关键因素。随着中央电视台和北京电视台入驻朝阳区，将充分激活资本、中介服务、交易传播渠道、人才、技术等产业要素，使之迅速升级提高，特色更加鲜明，具有更强的竞争优势。

在资本要素方面，朝阳区具有社会资本占主体和功能型、外向型投资的优势，与其他地区的票据金融相比，我区属于产业金融，这一优势，很好地契合了文化创意产业对高质量资本的要求。目前，全区产业存量资本已达530亿以上，占据全市资本总量的23%，其中，社会资本占50%以上，港澳台资与外资占20%以上。

在中介服务方面，朝阳区具有国际化、民营化、高端化、组织化等绝对优势，中介服务营业收入占文化创意产业营业收入的75%，聚集了普华永道、高盛集团、麦肯锡等全市70%以上的高端中介服务企业。专业化、国际化的中介服务，将为朝阳区发展创意投资与交易传播提供必要的支撑，并将有效吸引内容创意、资本和高端人才到朝阳区集聚。

在交易传播渠道方面，朝阳区既有90%以上的外国驻京机构、人民日报、北京青年报、北京人民广播电台等传统传播渠道，也有798艺术区、潘家园、工人体育馆、北京图书批发市场和一批展览馆等实体交易渠道，中央电视台、北京电视台、凤凰卫视等媒体也即将落户朝阳。众多的传媒渠道，发达的中介服务，国际化、产业化的金融资本，将会把朝阳区打造成为数字移动新媒体机构的聚集地。

在人才要素方面，区域内聚集了中国传媒大学、中央美术学院、清华大学美术学院、中国音乐学院等多所国家级艺术院校，120家跨国公司分支机构，130家世界500强企业，全市70%以上的高端服务业集聚在此。所有这些，对于继续发挥区域内的高端经营、管理、营销策划人才优势，持续提升内容创意人才总量和水平，都具有重要意义。

在技术要素方面，全区995家高技术企业中，电子信息类企业占60%以上。同时，区域内聚集了多家跨国公司研发中心，占据了高新技术产业高端，我们可以充分利用电子信息技术的相对优势，为文化创意产业的交易传播提供技术和设备支撑。

玫玫：您对文化经纪人有什么了解？

赵学山：经纪人是指在经济活动中，以收取佣金为职业收入手段，为促成他人交易而从事居间、行纪或代理服务的中间人。经纪人大致可划分为一般经纪人和特殊行业经纪人。一般经纪人是指从事国家允许公开交易，又不属于特殊行业的商品交易的中间商。特殊行业经纪人是指从事金融、保险、证券、期货、科技、房地产、文体等行业的专业经纪人。

文化经纪人，是在演出、艺术品、文物、影视、出版、文化娱乐等活动中从事代理服务的专业人员。目前，经纪人的薪酬颇为优厚，被认为是“金领职业”。然而在这个新兴行当里，真正高素质的经纪人在市场上还很少。目前的文化经纪人，大都是以前专业文艺团体里的演员、经营者或从模特儿等转行而来。

从职业前景看：

文化经纪人是在文化艺术经济活动中，以收取佣金为职业收入手段，从事居间、行纪、代理等中介业务的人员或机构。相对于房地产经纪人上万人的从业队伍来说，中国的文化经纪人绝对是少数人的职业。

随着国内文化市场的日趋繁荣，各类文化经纪活动的日趋活跃，以及专门从事演出、影视制作和节目策划等文化公司的层出不穷，文化经纪人职业的发展潜力被普遍看好。据统计，目前从业人员还不到整个行业需求的20%，被列入“上海12类紧缺人才”之一。而经纪人的薪酬也从万元到百万元不等，被认为是“金领职业”。随着未来文化创意产业的兴起，文化经纪人将有更大的发展空间。

从职业素质看：

要想成为一名优秀的文化经纪人，需要具有艺术修养和文化底蕴；熟悉市场规律，能进行策划营销；有沉着稳重的头脑，能够冷静的思考，不能急功近利。除了具备相关领域的专业知识外，还要掌握法律、财务、传播、受众心理等相关知识，并具敏锐的市场感悟力；具有一定的公关能力，即能建立良好且广泛的社会关系，并在业务洽谈中显示良好的沟通技巧，解决危机难题；至少掌握一门外语。

根据国家相关政策规定，凡是文化经纪从业人员，必须通过北京市执业经纪人协会组织的培训，考核后，申领经纪执业证书，才能取得从事文化经纪事务的资格，成为合法经纪人。

玫玫：合同对于任何产业来说都是非常重要的，但是在文化创意产业中合同并没有范本，基本上都是各公司之间发现问题解决问题之后才又完善的，而没有一套正式的范本。朝阳区出台这套合同的意义是很大的，请您具体谈谈。

赵学山：《关于北京市国民经济和社会发展第十一个五年规划纲要的报告》指出：“文化创意产业将是北京未来的工作重点，北京发展文化创意产业的目标是把北京建成文艺演出、出版发行和版权贸易、影视节目制作和交易、动漫和互联网游戏、文化会展和古玩艺术品交易中心。” 将文化创意产业作为北京地区新的经济增长点。

市场经济就是契约经济，为使文化创意产业健康有序地可持续发展，及时、尽早地制定公平、公开、公正的合同交易规则，规范文化创意产业在经营交易中的契约形式和内容，制定诚实可信、平等互利的文化创意产业合同示范文本，将是一个行之有效的具体措施，会如大禹治水一样使文化创意产业沿着健康的轨道发展，使文化创意产业这一阳光经济健康而有序的发展。

朝阳区区政府为使现有的文化创意产业进一步的升级，特意在《朝阳区国民经济和社会发展第十一个五年规划纲要》中，对文化创意产业的发展制定了宏伟的规划：推进国际版权交易基地建设，使朝阳区成为文化创意产业的国际交易中心；发展文化传媒产业，吸引国际、国内传媒企业聚集朝阳；推进表演艺术、出版、影视、广告、设计等文化创意产业发展，形成更多的竞争优势；推进CBD传媒文化园、潘家园古玩艺术品拍卖中心、798当代艺术品文化园、三间房国际动漫产业园、朝阳公园国际展演中心、高碑店民俗文化园、通惠河文化产业带等特色文化聚集区建设，提高文化创意产业的规模效应。

根据北京市“十一五”规划对文化创意产业的阐述，我国现行文化创意产业包括八大类：文艺演出、出版、广播影视、广告、动漫、网络传媒、网络游戏、文化会展服务。根据行业分工和具体实际，每类产业中又分支出若干个子行业。经过调查，目前，在这若干个子行业中，有的市场很活跃，也基本趋于成熟，有的则是刚刚新兴的产业分工，市场低迷，还需要政府的扶持和关照。

在制定合同指导文本时，我们始终按照“市场活跃的先规范，市场急需的先制定”的工作原则，采取“全盘站位，侧重一点，实用为先，规范急需”。在每个行业中选择一个市场相对成熟和活跃的子行业，作为此次规范经营行为和交易行为的重点，制定出其中某一子行业的合同指导文本，进而推广实施。

为了呼应这些大的形势，今年朝阳工商分局作为合同指导文本的承办方，曾多次深入企业和行业协会，共同分析研究合同的需求目标，专程走访了与之相关的行政主管部门，在经过各行业协会推荐企业、企业提供合同文本、行政主管部门对口处室把关等环节后，现已制作出涉及文化创意产业八个方面的合同指导文本。

首批制定出的文化创意产业合同指导文本有八个：

1.文艺演出类：《文艺演出剧目推广行纪合同》，主要应用对象是从事文艺演出推广的演出经纪人，包括文化经纪组织和个人。

2.出版发行和版权贸易类：《图书出版合同》，主要适用于著作者和出版社之间的出版交易。

3.影视制作和交易类：《电视剧播放许可合同》，主要适用于影视制作公司与电视媒体之间的交易。

4.广告制作类：《广告发布业务合同》，适用于广告经营单位与广告客户之间的交易。

5．动漫制作和发行类：《动漫电视节目著作权许可使用合同》，适用于动漫制作单位与电视媒介单位之间的著作权使用交易。

6．网络游戏制作和发行类：《网络游戏授权代理合同》，适用于网络制作公司与代理发行单位之间的交易。

7．网络传媒类：《网络广告发布合同》，适用于网络传媒单位对广告客户的服务型交易。

8．文化会展类：《会展场地租赁合同》，适用于组织展览展示的主办单位于展览场馆之间的租赁交易。

玫玫：朝阳区作为文化创意产业的集中地，它开创了798工厂等文化创意模式，其规模具有一定的领先性。现在一提到朝阳区就会与文化创意产业挂钩，您是否会感觉有压力？

赵学山：压力是有，但动力更大！党的十七大报告中提到要促进国民经济又快又好地发展。其中很多方面都与文化创意产业有关。比如：提高自主创新能力，建设创新性国家；加快转变经济发展方式，推动产业结构优化升级；加强能源资源节约和生态环境保护，增强可持续发展能力；拓展对外开放广度和深度，提升开放型经济水平。这些任务的完成，都可以在文化创意产业发展的引领之下得以实现。当前，为北京市，特别是朝阳区已经提供了前所未有的历史机遇，我相信，我们会在市工商局和朝阳区委区政府的正确领导之下，勇于创新、大胆实践，力求更快更好地开拓文化创意产业发展的新局面！

文艺演出剧目推广行纪合同

合同编号：

本合同于　年　月　日在　　（签署地）签署成立

委托方（演出节目供应方）　　（简称甲方）

注册地址：　　邮政编码：　　电话：　　传真：

电子信箱：

法定代表人：　　营业执照号码：

营业性演出许可证号码：　　或文化部门备案号码：

受托方（行纪方）　　（简称乙方）

注册地址：　　邮政编码：

电话：　　传真：　　电子信箱：

法定代表人：　　营业执照号码：

经纪人资格证号码：　　或文化部门备案号码：

为使甲方拥有权利的演出节目（名称）　　（以下简称为“演出节目”）有更多的商业演出机会，在国内、国际商业演出市场得到广泛推广，获得良好的社会效益和经济效益。甲方委托乙方为演出节目推广提供行纪服务，乙方接受甲方的委托，同意以自己的名义代为推广甲方拥有权利的“演出节目”。

甲、乙双方根据平等、自愿、诚实、守信的原则，依照《中华人民共和国合同法》、国务院《营业性演出管理条例》、《营业性演出管理条例实施细则》等有关规定，达成如下条款。

第一条　合同的主体保证

1．甲方保证自身为依法设立的演出市场经营主体，已经办理了有关工商、文化部门的相关手续，具备法律法规规定的演出市场经营主体的资格和能力，并且对演出节目（名称）　　拥有合法的权利，能够承担相应的法律责任，履行合同义务不存在法律障碍。

2．乙方保证自身为依法设立的演出经纪机构，已经办理了有关工商、文化等部门的相关手续，具备法律法规规定的演出经纪机构的资格和能力，依法可以开展演出行纪活动，能够承担相应的法律责任，履行合同义务不存在法律障碍。

第二条　合同的标的

1．甲方对演出节目（名称）　　据有合法的权利，委托乙方代为销售演出节目。在该演出节目市场推广销售过程中，乙方可以以自己的名义与演出承接方直接签订演出合同，甲方保证按照乙方演出合同约定的时间、地点和场次，提供该演出节目的现场表演服务。

2．本演出节目的重要情况如下：

演出节目（名称）：　　演出形式：

表演单位名称；　　演出时间：不少于　分钟，演职人员不少于　人。

主要演员；

演出内容梗概：

对演出舞台的技术要求：

有关演出内容的完整录像、文字材料作为附件1，是本合同不可分割的组成部分；甲方保证现场演出和录像、文字材料介绍相符。

3．演出的节目价格：每场演出不低于　　元人民币。

4．对演出承接方的要求：

5．代售期限：　　年　月　日起至　年　月　日止。

6．代售地域范围：

第三条　酬金

在乙方与演出承接方直接签订的演出合同中，乙方有权自主决定每场高于甲方给定乙方演出费的标准，并有权直接获得该演出费。甲方给定乙方的演出费标准是每场　　元人民币，两者的差额即作为乙方的酬金。

第四条　甲方责任

1．应提供营业性演出许可证或文化主管部门的备案证明、营业执照或其他身份证明等真实合法有效的演出市场经营主体资格证明。

2．应提供自己对本演出项目具有合法权利的相关证明。

3．应保证自己提供的所有相关资料真实、合法、有效。

4．应对乙方的代售活动提供授权委托书等必需的法律文件、必要的协助与配合。

5．在该演出节目市场推广销售过程中，乙方可以以自己的名义与演出承接方直接签订演出合同，甲方保证按照乙方演出合同约定的时间、地点和场次，提供该演出节目的现场表演服务。

6．在代售期限和代售地域内不得将本演出项目同时委托其他第三方从事此类的活动。

第五条　乙方责任

1．应出示营业执照、营业性演出许可证、具体经办人的文艺演出经纪人资格证书等真实合法的演出经营资格证明。

2．在该演出节目市场推广销售过程中，乙方有权以自己的名义与演出承接方直接签订演出合同，有权要求甲方按照乙方与演出承接方直接签订的演出合同约定的时间、地点和场次，提供该演出节目的现场表演服务。

3．应完成与甲方约定的演出场次要求，在本合同有效期内应安排演出不少于　　场。

4．有权直接获得与演出承接方签订的演出合同中约定的演出费。

5．本合同签署生效　　日内，向甲方支付演出订金　　　万元人民币；每次甲方演出前　　日，全额支付该次演出费；代售期满后　　日内，结清合同有效期内全部演出费。

第六条　违约责任

1．甲方没有按照乙方演出合同约定的时间、地点提供演出节目的现场表演服务的，应承担如下违约责任：____________________。

2．甲方的现场表演质量与录像、文字资料介绍不相符合，给乙方造成损失的，应承担如下违约责任：____________________。

3．甲方在委托期限内将本演出项目同时委托其他第三方在相同的地域从事类似的活动的，应承担如下违约责任：____________________。

4．甲方提供的演出场数达不到最低数量要求，给乙方造成损失的，应承担如下违约责任：____________________。

5．甲方没有按时收到乙方支付的演出订金，甲方有权不听从乙方的演出安排，由此产生的所有责任由乙方承担。

6．每次演出前，如果甲方没有收到乙方支付的该次演出费用，每逾期一日，应向甲方支付逾期金额的百分之　　作为违约金。

7．双方议定的其他违约责任。

第七条　不可抗力

若在本合同履行期间发生不可抗力事件，受到不可抗力影响的一方不能履行或不能完全履行合同时，应尽快向对方通报理由，并在不可抗力事件发生15日内提供公证机构出具的相应证明后，可允许延期履行、部分履行或不履行，并可根据情况部分或全部免予承担违约责任。双方应就不可抗力立即进行协商，寻求双方认可的解决方案，尽力将不可抗力影响降至最低。

本合同中“不可抗力”是指不能预见、不能避免并不能克服的客观情况。如果不可抗力事件对合同一方履行合同产生实质性的、无法补救的影响，或是不可抗力事件持续时间超过　　日，并且没有达到双方认可的解决方案，则合同任何一方可以通过书面形式解除本合同。

第八条　合同争议的解决方式

在本合同履行过程中发生的争议，由双方当事人友好协商解决，也可以由行业协会调解解决。双方不愿意协商、调解解决，或者协商、调解不成的，双方商定，按下列第　　种方式解决（只能选一种）。

1．提交　　　　　　　　　　　　　　仲裁委员会仲裁。

2．依法向　　　　　　　　　　　　　人民法院起诉。

本合同的订立、效力、解释、履行和争议解决均适用中华人民共和国法律。

第九条　其他约定

1．录音录像播放

演出现场是否可以录音录像，录音录像是否可以在电视台或互联网上播放的问题，双方对此约定为：________________________。

2．代售演出项目数量要求

在合同约定的代售期限和代售地域范围内，乙方代售甲方演出节目不得少于　　场。一旦出现达不到演出场次要求的情形，如果责任在乙方，乙方仍需按最低场次支付演出费。如果责任在甲方，甲方则按未完成场次，每场赔偿乙方损失费　　　元人民币。

3．其他：

第十条　附则

1．保密

由于本合同涉及商业秘密，各方有义务保守商业秘密（不包括因为司法部门调查要求显示的内容）；各方应对在签订和履行本合同中了解和获得的资料、信息等相关内容履行保密义务。泄密方应承担因泄密给其他合作方造成的全部损失和连带的法律责任。

2．转让

未经双方事先书面同意，一方不得将其在本合同中的权利或义务全部或部分转让给任何第三方。

3．附件

本合同附件是本合同不可分割的有效组成部分。

4．本合同由甲、乙双方签署即生效。

5．未尽事宜

由双方当事人另行协商，书面签订补充合同。

6．本合同一式两份，由双方当事人各执一份，具有同等法律效力。

（本项以下无合同正文）

甲方（公章）	乙方（公章）
授权代表人：	授权代表人：
通讯地址：	通讯地址：
邮政编码：	邮政编码：
开户银行：	开户银行：
银行账号：	银行账号：
签订日期：　　年　月　日	签订日期：　　年　月　日

图书出版合同

甲方（著作权人）：

乙方（出版人）：

根据《中华人民共和国合同法》、《中华人民共和国著作权法》及其他有关法律、法规的规定，甲、乙双方在平等、自愿、公平、诚实信用的基础上，就图书出版的有关事宜达成如下协议。

第一条　作品名称：　　　　　　　　　　　　（以下简称为“该作品”）

　　　　作者署名：

第二条　授权期限：　　年　　月　　日起至　　　年　　月　　日止。

在授权期限内，乙方享有在（□中国大陆　□中国香港　□中国台湾　□　　　　　）对该作品（□汉文　□　　文）的图书专有出版权。

第三条　根据本合同出版的作品不得含有下列内容：

1．反对宪法确定的基本原则；

2．危害国家统一、主权和领土完整；

3．危害国家安全、荣誉和利益；

4．煽动民族分裂，侵害少数民族风俗习惯，破坏民族团结；

5．泄露国家机密；

6．宣扬淫秽、迷信或者渲染暴力，危害社会公德和民族优秀文化传统；

7．侮辱或者诽谤他人；

8．法律、法规规定禁止的其他内容。

第四条　该作品侵犯他人著作权的，或含有侵犯他人名誉权、肖像权、姓名权等人身权内容的，甲方应承担全部责任并赔偿由此给乙方造成的损失，乙方可以终止合同。

第五条　该作品的内容、篇幅、体例、图表、附录等应符合下列要求：＿＿＿＿＿＿＿＿＿＿＿。

第六条　甲方应于　　　年　　月　　日前将该作品的誊清稿交付乙方。甲方不能按时交稿的，应在交稿期限届满前　　　日通知乙方，双方另行约定交稿日期。

延期后甲方仍不能按时交稿的，应按本合同第十一条约定的报酬的　　%向乙方支付违约金，乙方可以选择终止合同。甲方交付的稿件应有作者的签章。

第七条　乙方应于　　　年　　月　　日前出版该作品，最低印数为　　　册。

乙方不能按时出版的，应在出版期限届满前　　日通知甲方，并按本合同第十一条约定的报酬的　%向甲方支付违约金，双方另行约定出版日期。

延期后乙方仍不能按时出版的，除非因不可抗力所致，乙方应按本合同第十一条约定向甲方支付报酬和归还作品原件，并按该报酬的　　%向甲方支付赔偿金，甲方可以选择终止合同。

第八条　在授权期限和范围内，未经对方同意，任何一方不得许可第三人行使约定的专有出版权。如有违反，另一方有权要求赔偿损失并有权终止合同。一方经对方同意许可第三方行使上述权利，应将所得报酬的　　%交付对方。

第九条　乙方尊重甲方确定的作品名称及署名方式。乙方如需更改该作品的名称，对作品进行修改、删节、增加图表及前言、后记，应征得甲方同意，并经甲方书面认可。

第十条

□该作品的校样由乙方审校。

□该作品的校样由甲方审样。甲方应在　　　日内签字后退还乙方。甲方未按期审校，乙方可自行审校，　并按计划付印。因甲方修改造成版面改动超过　　%或未能按期出版，甲方承担支付改版费用或推迟出版的责任。

第十一条 乙方采用下列方式及标准之一确定向甲方支付报酬：

□ 基本稿酬加印数稿酬：　　　　元/每千字×千字＋印数（以千册为单位）×基本稿酬×1%，重印、再版时只向甲方支付印数稿酬，不再支付基本稿酬；

□ 一次性付酬：　　元；

□ 版税：　　　元（图书定价）×　　%（版税率）×印数；

□ 其他：

第十二条 以基本稿酬加印数稿酬方式付酬的，乙方应在该作品出版后　　　　日内向甲方支付报酬，但最长不得超过半年。

以一次性支付方式付酬的，乙方在甲方交稿后　　　日内向甲方付清。

乙方未在约定期限内支付报酬的，甲方可以终止合同并要求乙方继续履行付酬的义务。

支付方式：

第十三条　甲方交付的稿件未达到合同第五条约定的要求，乙方有权要求甲方进行修改。如甲方拒绝按照合同约定修改的，乙方有权终止合同并要求甲方返还本合同第十二条约定的预付报酬。如甲方同意修改，但修改后仍未达到合同第五条要求的，预付报酬不返还乙方；如乙方未支付预付报酬，乙方按合同第十一条约定报酬的　　%向甲方支付酬金，并有权终止合同。

第十四条 该作品首次出版　　　年内乙方可以自行决定重印。

首次出版　　年后，乙方重印应事先通知甲方。如果甲方需要对作品进行修改，应于收到通知后　　日内答复乙方，否则乙方可按原版重印。

第十五条 乙方重印、再版，应将印数通知甲方，并在重印、再版　　　日内按第十一条的约定向甲方支付报酬。

第十六条 甲方有权核查乙方应向甲方支付报酬的账目。如甲方指定第三方进行核查，需提供书面授权书。如乙方故意少付甲方应得的报酬，除向甲方补齐应付报酬外，还应支付全部报酬　　　%的赔偿金并承担核查费用。如核查结果与乙方提供的应付报酬相符，核查费用由甲方承担。

第十七条 在授权期限内，如图书脱销，甲方有权要求乙方重印、再版。如甲方收到乙方拒绝重印、再版的书面答复，或乙方收到甲方重印、再版的书面要求后　　个月内未重印、再版，甲方可以终止合同。

第十八条 该作品出版后　　　日内乙方应将作品原稿退还甲方。如有损坏，应赔偿甲方　　　　元；如有遗失，赔偿　　　元。

第十九条　该作品首次出版后　　日内，乙方向甲方赠样书　　　册，并且以折价售予甲方图书　　册。每次再版后　　日内，乙方向甲方赠样书　　　册。

第二十条　　在授权期限内乙方按本合同约定的基本稿酬加印数稿酬方式，或者按一次性付酬方式向甲方支付报酬的，出版该作品的修订本、缩编本的付酬方式和标准应由双方另行约定。

第二十一条　　在授权期限内，甲方许可第三方出版包含该作品的选集、文集、全集的，须取得乙方许可。在授权期限内，乙方出版包含该作品的选集、文集、全集或者许可第三方出版包含该作品的选集、文集、全集的，须另行取得甲方书面授权。乙方取得甲方授权的，应及时将出版包含该作品选集、文集、全集的情况通知甲方，并将所得报酬的　　%交付甲方。

第二十二条 在授权期限内，甲方许可第三方出版该作品的电子版的，应取得乙方的许可。在授权期限内，乙方出版该作品电子版或者许可第三方出版该作品电子版的，应另行取得甲方书面授权。乙方取得甲方授权的，应及时将出版该作品电子版的情况通知甲方，并将所得报酬的　　%交付甲方。

第二十三条　未经甲方书面许可，乙方不得行使本合同约定以外的其他权利。甲方授权乙方代理行使其他权利的，其行使所得报酬由甲、乙双方按　　　　比例分配。

第二十四条　其他约定：

第二十五条　本合同项下发生的争议，由双方当事人协商解决，或申请调解解决；协商或调解解决不成的，按下列第　　　种方式解决。

1．提交　　　　　　　　　　　　　仲裁委员会仲裁；

2．依法向　　　　　　　　　　　　人民法院起诉。

第二十六条　本合同自双方签字盖章之日起生效。合同未尽事宜，由双方协商做出书面补充协议，补充协议具有与本合同同等的效力。

本合同一式两份，甲、乙双方各执一份。合同签订地：

甲方（签章）：	乙方（签章）：
法定代表人：	法定代表人：
经办人：	经办人：
地址：	地址：
邮编：	邮编：
电话：	电话：
电子邮件：	电子邮件：
签订日期：　　　年　月　日	签订日期：　　　年　月　日

电视剧播放许可合同

甲方（许可方）：

乙方（被许可方）：

根据《中华人民共和国合同法》等有关法律、法规的规定，甲、乙双方在平等、自愿、公平、诚实信用的基础上，就电视剧播放许可的有关事宜达成如下协议。

第一条　许可内容：甲方许可乙方在许可范围内播放　　集电视连续剧《　　　　　　》（以下简称为“该剧”，节目长度以国家主管部门批准的发行长度为准）。甲方应当保证拥有该剧的合法授权，并向乙方出具该剧版权书。

许可范围：

1．许可播放媒介：（方框内划√）　□有线电视　□无线电视　□卫星电视　□网络传播

2．许可地域：

3．许可期限：　　　年　月　日起至　　　年　月　日止。

第二条　母带提供：甲方收到国家广播电影电视总局的批文后，应当向乙方一次性提供该剧BETACAM60制式母带一套。如发现母带有质量问题的，甲方应当及时给予更换，并不再收取其他任何费用。乙方负责寄回原母带。

第三条　许可费用：（人民币　　　元／集）×　　集＝人民币　　　　元；磁带费、复录费、邮寄费合计人民币　　　元（人民币　　元／盘）；总计金额：人民币　　　　　　元（大写：　　　　　元整）。

第四条　付款方式及期限：____________________。

第五条　违约责任：__________________________。

1．甲方责任

（1）甲方保证不再许可任何第三方在许可区域和许可期限内播放该剧，否则按照标准承担违约责任，并赔偿由此给乙方造成的损失。

（2）甲方应当承担权利瑕疵担保责任，保证乙方对该剧的播放不受任何第三人的权利主张，否则赔偿由此给乙方造成的损失。

（3）甲方未按照合同约定提供母带的，应当赔偿由此给乙方造成的损失。

2．乙方责任

（1）乙方以任何形式超出许可范围播放或使用该剧的，均应当赔偿由此给甲方造成的损失。

（2）乙方未按照合同约定支付许可费的，每迟延一日应当按照　　的标准向甲方支付违约金。

第六条　争议解决方式：本合同项下发生的争议，由双方当事人协商解决，或向有关部门申请调解解决；协商或调解解决不成的，按下列第　　种方式解决。

1．提交　　　　　　　　仲裁委员会仲裁；

2．依法向　　　　　　　人民法院起诉。

第七条　其他约定：

本合同一式　份，其中甲方　份，乙方　份。本合同自双方签字盖章之日起生效。合同签订地：

甲方：（盖章）　　　　　　　　乙方：（盖章）

签约代表：（签名）　　　　　　签约代表：（签名）

联系方式：　　　　　　　　　　联系方式：

签订日期：　　年　月　日　　　签订日期：　　年　月　日

广告发布业务合同

甲方（广告客户或代理单位）：

乙方（广告发布单位）：

根据《中华人民共和国合同法》、《中华人民共和国广告法》及其他法律、法规的规定，甲、乙双方在平等、自愿、公平、诚实信用的基础上，就户外广告发布的有关事宜达成如下协议。

第一条 合同标的：

甲方委托乙方在下述户外媒体上发布广告（广告内容：　　　　　　　　）。

媒体位置	媒体形式	媒体编号	广告画面规格（高×宽×面数）	广告面积	媒体数量	广告发布期

第二条 广告发布时间：　　　　　　　　　　　　（以实际刊出日期为准）。

第三条 广告费用：除下述费用外，甲方享有本合同项下的所有权利均无需再向乙方支付任何其他费用。

广告费（RMB）	刊例价： 优惠： 小计：￥　　　　　　【计算公式：元/月×月×（1-　%）】
制作安装费（RMB）	制作费：　　元/次【计算公式：元/m²/次×m²×1次】 安装费：　　元/次【计算公式：元/m²/次×m²×1次】 甲方负责制作本合同项下首次刊出的广告画面并负担相应制作费用和安装费用；甲方应于每次委托乙方更换广告画面（包括首次上刊）之完成日期前的五个工作日，根据本合同约定或经双方补充签订的画面更换合同向乙方一次性付清当次的制作安装费用。
合同额总计(RMB)	￥　　　　　　　　　　元

第四条 支付方式及期限：____________________。

第五条 广告发布：

乙方发布广告应采用甲方提供的广告样稿。乙方有权审查甲方的广告内容和表现形式，对不符合法律、法规的广告内容和表现形式，乙方有权要求甲方限期修正。在甲方的修正符合有关规定前，乙方有权拒绝发布广告。

乙方应自收到甲方签字确认的广告设计小样及所有相关证明文件（明细附后）之日起的　　日内完成广告画面有关行政审批手续的办理和广告发布工作；甲方如需更换广告画面，需为乙方留出相应的工作时间并以书面形式预先通知乙方。

第六条 广告验收：广告画面上刊后的五个工作日内，甲、乙双方应持《广告发布验收单》，依据本合同有关条款，按照由甲方签字确认并经有关行政管理部门审查合格的广告样稿在广告发布地共同进行验收并签字。甲方逾期未验收的，将视为广告发布验收合格。

第七条 日常维护：

1．乙方应保证户外广告设置物及广告画面的完好及清洁，及时进行清洗、保养（乙方日常执行此项工作时无需通知甲方）；如户外广告设置物或广告画面出现破损、脏污等影响广告发布效果的情形，乙方应尽快修复并将修复情况通报甲方。

2．甲方有权就影响发布效果的事项向乙方提出异议及更改建议；乙方有义务主动和根据甲方的合理要求对户外广告设置物进行保管、维修，保证广告的正常发布及发布效果。

第八条　违约责任：

1．一方延迟履行合同义务的，应按　　　　　　　　　　　　　　　　　标准向对方支付违约金。

2．乙方不履行户外广告日常维护义务的，应赔偿由此给甲方造成的损失。

3．在广告发布期内，任何一方不得私自更换广告内容及版式，否则应承担消除不良影响、赔偿对方损失的责任。

4．因广告内容与第三方发生纠纷的，由甲方负责解决，给乙方造成损失的，甲方应承担赔偿责任。

第九条　不可抗力：因发生自然灾害、重大疫情等不可抗力的，经核实可全部或部分免除责任，但应及时通知对方，采取措施使损失降至最低，并在合理期限内提供有效证明。若由于不可抗力导致合同无法继续履行，双方应按广告实际发布天数结算广告发布费用。

第十条　争议解决方式：本合同项下发生的争议，由双方当事人协商解决，或向有关部门申请调解解决；协商或调解解决不成的，按下列第　　　种方式解决。

1．提交　　　　　　　　　　　　　　　　　仲裁委员会仲裁；

2．依法向　　　　　　　　　　　　　　　　人民法院起诉。

第十一条　其他约定：

本合同一式　　份，甲、乙双方各执　　份。合同签订地：

未尽事宜由双方协商签订补充协议作为合同附件，附件与本合同具有同等法律效力。

甲方（签章）：	乙方（签章）：
住所：	住所：
法人代表：	法人代表：
经办人：	经办人：
联系方式：	联系方式：
签订日期：　　　年　　月　　日	签订日期：　　　年　　月　　日

动漫电视节目著作权许可使用合同

合同编号：

被许可方（甲方）：

许可方　（乙方）：

依据《中华人民共和国合同法》、《中华人民共和国著作权法》及其他有关法律、法规的规定，甲、乙双方在平等、自愿、公平、诚实信用的基础上，就动漫电视节目著作权许可使用的有关事宜达成如下协议。

第一条 许可使用的节目：

节目名称及时长：《　　　　　》，共　　集，每集　　分钟，总计　　　分钟。

第二条 许可内容：

1．许可使用的地域范围：

2．许可使用的方式：□有线电视　□无线电视　□卫星电视　□网络传播　□其他

3．许可使用的期限：

4．许可性质：□专有使用权　□非专有使用权

5．其他：

第三条 节目原版母带提供：

1．乙方提供母带数量：

2．乙方提供的该节目原版带型号为IMX数字带或BETA带。

3．乙方保证该节目原版带符合播出质量要求，如存在质量问题，乙方负责在5日内无偿更换，甲方使用期限相应顺延。

4．乙方提供的该节目原版带时长须统一，各集时长误差不得超过正负30秒。

5．乙方提供的该节目原版带须在每集首尾分别标明动画片发行许可证号和广播电视节目制作经营许可证号。

6．乙方提供的该节目原版带内容如有不符合播出要求，从而导致整集无法播出的，乙方应在甲方规定的时间内按甲方要求进行修改或重新制作。

7．乙方提供的该节目原版带带有字幕的，字幕不应出现错别字，如甲方检查出错别字，乙方须按标准向甲方支付修改赔偿金。

第四条 甲方权利和义务：

1．甲方有权对该节目内容进行审查，对违反法律、法规的地方提出修改意见。

2．要求乙方按照合同约定的时间和质量交付母带。

3．按合同约定的期限、地域范围、方式等行使该作品著作权。

4．按合同约定向乙方支付费用。

5．其他：

第五条 乙方权利和义务：

1．要求甲方按合同约定支付费用。

2．监督甲方对著作权的行使。

3．按合同约定向甲方交付母带。

4．保证拥有该节目完整、无瑕疵的著作权，该节目著作权上不存在任何第三方的抵押、质押、查封、冻结等限制甲方对该节目著作权使用的权利限制，乙方有权许可甲方按照本合同约定使用该节目，并应在本合同订立时发给甲方播映授权书。

5．乙方须在本合同订立的同时向甲方出示该节目的相关材料原件并提供复印件，包括《广播电视节目制作经营许可证》、《动画片发行许可证》、《著作权登记证书》（或节目版权方出具的著作权证明）、版权方授予该节目提供商的发行授权书，以及各集时长、故事梗概、分集梗概、片头片尾字幕、主题歌歌词、节目剧照、宣传资料等文字材料及其电子版，并在上述复印件上加盖乙方单位印章。乙方保证上述材料的真实性、合法性。

6．遵守本合同第二条的各项规定。

7．其他：

第六条 许可使用费及支付：

许可使用费用：每分钟人民币　　元，每集人民币　　　元向乙方支付著作权许可使用费，该节目片长共　分钟/　集，共计人民币　　　元。

支付方式：

支付期限：

第七条 违约责任：

1．任何一方违反合同约定的，对方有权要求违约方对该违约事项采取补救措施，并继续履行本合同；如违约方在书面通知后　　　日（或经双方书面同意的更长时间）内仍未采取补救措施的，对方有权解除本合同，违约方应当向对方支付违约金人民币　　　元。

2．任何一方逾期履行的，应按　　　　　　　标准向对方支付违约金。

3．如乙方提供的原版带不符合合同约定，但乙方未按照甲方要求予以更换，或者经乙方更换两次后仍不符合本合同约定的，甲方有权解除合同并追加乙方违约责任。

4．如果该节目因为著作权的纠纷，被第三人诉求权利的，应由乙方负责解决，承担责任。如果造成甲方损失的，乙方应负赔偿责任。

第八条 保密条款：

第九条 不可抗力：

因发生自然灾害、重大疫情等不可抗力或突发事件的，经核实可全部或部分免除责任，但应及时通知对方，并在合理期限内提供有效证明。

第十条 争议解决：

本合同项下发生的争议，由双方当事人协商解决，也可由当地工商行政管理部门调解；协商或调解不成的，按下列第　　　种方式解决。

1．提交　　　　　　　　　　　　仲裁委员会仲裁；

2．依法向　　　　　　　　　　　人民法院起诉。

第十一条　其他约定：

本合同自双方签字盖章之日起生效。本合同一式　　份，甲、乙双方各执　　份。合同签订地：

本合同自双方签字之日起至　　　年　　月　　日内有效。合同未尽事宜，由双方共同协商，做出书面补充协议，补充协议与原合同条款具有同等效力。

甲方（签章）：　　　　　　　　　　　　乙方（签章）：
住所：　　　　　　　　　　　　　　　　住所：
法人代表：　　　　　　　　　　　　　　法人代表：
经办人：　　　　　　　　　　　　　　　经办人：
联系方式：　　　　　　　　　　　　　　联系方式：
签订日期：　　年　　月　　日　　　　　签订日期：　　年　　月　　日

网络游戏授权代理合同

合同编号：

授权方（甲方）：

被授权方（乙方）：

依据《中华人民共和国合同法》及其他有关法律、法规的规定，甲、乙双方在平等自愿的基础上，就网络游戏授权代理的有关事宜达成如下协议。

第一条　合同标的：

网络游戏：指由甲方开发完成的　　　　　网络版游戏软件　　　　版本，包括但不限于以各种形式、格式及媒介存在的源代码、数据库、文档、技术资料、图形、地图、形象、情节等。网络游戏运营商可以通过互联网提供游戏内容，供最终用户在WINDOWS平台使用。如该软件在本合同有效期限内更新、升级、修订的，更新、升级、修订等部分亦属于网络游戏的一部分；如该软件在代理期限内更名的，不影响本合同的效力。

第二条　代理区域：

第三条　代理方式：□独占　□排他　□普通　□交叉　□分许可　□其他

第四条　代理期限：　　　　年　月　日起至　　　　年　月　日止，或本软件正式收费日（收费运营日）算起满　　　年。

期满后乙方享有同等条件下签署代理合同的优先权。

第五条　代理权限：

第六条　代理费用及支付：

代理费用包括：□基础入门费　□提成　□其他

□基础入门费

入门费金额：　　　　　　　　　　　万元整（人民币）

支付方式：　　　　　　　　　　　　支付期限：

其他：

□提成

计费方式：　　　　　　　　　　　　分成比例：

支付方式：　　　　　　　　　　　　支付期限：

其他：

□其他

计费方式：

第七条　交付、测试、验收：

1．甲方于本合同签订后　　　个月内向乙方交付网络游戏相关的美术设计文档、官方网站资料、游戏的介绍宣传文档（中文）。乙方可将美术设计文档用于广告制作、宣传品、广告、印刷品、官方网站。未经甲方书面同意，乙方不得对甲方提供的美术设计文档、官方攻略文档进行任何修改。

2．乙方应在测试期满前（即交付网络游戏后　　个工作日内）向甲方出具游戏测试合格通知书或软件修订通知书。甲方在测试期满前未收到乙方测试合格通知书或软件修订通知书的，视为乙方验收合格。乙方验收合格的，甲方的交付行为即视为网络游戏的最终交付即可上市的版本。

3．甲方应在乙方架设服务器前向乙方提供在当地架设服务器的配置资料和其他必要资料系统等。

4．代理期限内甲方如对网络游戏有更新程序或者补丁程序，应：

5．有关交付、测试、验收的技术细节和工作程序可由双方通过附件另行约定。

6．游戏在代理区域运营的全部用户数据归双方共同拥有。

7．其他：

第八条　技术支持：

在代理期限内甲方于软件上市日起，及时向乙方无偿提供网络游戏的升级版本。但因升级足以使网络游戏软件换代，导致功能全部更新并与原版本无任何联系的，乙方应向甲方支付开发费，具体细节，可由双方协商另定补充协议。

如乙方因网络游戏服务器架设或网络游戏日常运行产生的其他技术问题的现场技术咨询和培训需要甲方技术人员协助的，甲方应派技术人员予以协助，乙方负担由此产生的交通、住宿等费用。

其他：

第九条　公测、收费运营日：

乙方在收到甲方交付的网络游戏母盘后　　个工作日内，开始进行网络游戏的免费公测，即软件上市。

在网络游戏公测期内由乙方根据市场状况决定网络游戏的收费运营日，但收费运营日最晚不得超过软件上市日后的　　个自然日，最晚不得超过　　年　　月　　日；如有需要，双方可协商延长。

其他：

第十条　宣传推广：

□甲方 / □乙方应在授权地域范围内负责对网络游戏进行宣传、推广，并由□甲方 / □乙方负担因宣传、推广网络游戏而产生的各项费用。宣传、推广的内容包括但不限于制作宣传品，产品包装，海报，立牌，DM，广告，记者招待会，玩家见面会，线上、线下的促销活动，以提高最终用户对网络游戏的喜爱和忠诚度。

其他：

第十一条　双方主要权利义务：

1．甲方权利义务

（1）有权按照合同的约定监督乙方在授权代理范围内行事。对乙方未经甲方书面同意的对游戏修改、更名、增加、删除、分割、反编译等行为提出意见并追究乙方法律责任。

（2）应按照约定的内容及时间完成网络游戏的交付。

（3）应按照约定完成网络游戏相关资料的交付，包括但不限于美术设计文档、官方网站资料、游戏的介绍宣传文档。

（4）按约定向乙方提供技术支持与培训。

（5）如对网络游戏有更新程序或者补丁程序，应及时通知乙方并按约定及时解决。

（6）应协助乙方在授权区域内办理审批、备案、登记等手续。

（7）其他：

2．乙方权利义务

（1）有权要求甲方按合同约定交付游戏及相关资料，并提供约定的技术支持及培训。

（2）应及时按照合同约定向甲方支付约定费用。

（3）未经甲方书面同意，不得修改、更名、增加、删除、分割、反编译网络游戏。

（4）应于授权代理期限内按约定履行运营、维护义务。

（5）承诺公开测试以后提供优质客户服务，并承担由此产生的全部费用，以良好的运营服务吸纳并稳定本游戏的最终用户。乙方应及时向甲方反馈最终用户的意见，供甲方完善网络游戏。

（6）在收到甲方提供的更新程序或者补丁程序后，应在　　个工作日内进行错误修正、版本升级。

（7）应在授权地区内建立网络游戏约定版本的官方网站，保障该网站的持续稳定运行。

（8）如果在授权地区代理、运行网络游戏需要政府审批、备案、登记等手续，乙方应负责办理并负担相应费用，保证网络游戏在授权地区合法运营。

（9）其他：

第十二条　保密条款：

乙方应以不少于乙方适用于自身商业秘密的谨慎与防范措施保守甲方的商业秘密。本合同所指商业秘密指甲方向乙方透露的、不对外公布的，并标明“专有”或“保密”的任何资料或数据。

除本合同明确许可或甲方书面同意外，乙方不得将甲方商业秘密或其中任何部分透露或变相以其他方式提供给第三方和没有必要授权其在业务中使用网络游戏的任何雇员，不得非法复制或者使用甲方的商业秘密。

由甲方提供给乙方的一切商业秘密属于并保持为甲方的财产，并应在甲方请求时退还给甲方，并不得保留任何复本。

除在本合同中有明确规定外，甲方对商业秘密的透露并不意味授予乙方任何专利、商业秘密或版权的许可。

第十三条　违约责任：

1．任何一方迟延履行义务的，应按　　　　　　　　标准向对方支付迟延履行违约金。

2．甲方应承担权利瑕疵担保责任，保证游戏不受第三人任何权利的主张，否则应赔偿由此给乙方造成的损失。

3．甲方应及时履行提供游戏相关资料、技术支持、培训等义务，因甲方怠于履行或者不履行，给乙方造成损失的，应负赔偿责任。

4．未经甲方书面同意，乙方擅自对游戏进行修改、更名、增加、删除、分割、反编译的，给甲方造成损失的，乙方应承担赔偿责任。

5．乙方应在授权期限内按合同约定行使甲方授权。不得以任何形式超出代理区域、代理权限使用该游戏，否则应赔偿由此给甲方造成的损失。

6．其他：

第十四条　合同终止与解除：

合同终止与解除条件：

本合同一旦终止，乙方应立即停止代理、运营网络游戏，停止销售、分销、生产网络游戏相关产品。

乙方可保留授权期限最后一个月的分成费　　个月时间，用于支付最终用户退卡/费。扣除退卡/费部分后如有剩余乙方于保留期满后　　个工作日内支付甲方。

第十五条　不可抗力：

因发生自然灾害、重大疫情等不可抗力或突发事件的，经核实可全部或部分免除责任，但应及时通知对方，并在合理期限内提供有效证明。

第十六条　争议解决方式：

本合同项下发生的争议，由双方当事人协商解决，或向有关部门申请调解解决；协商或调解解决不成的，按下列第　　种方式解决。

1．提交　　　　　　　　　　仲裁委员会仲裁；

2．依法向　　　　　　　　　人民法院起诉。

第十七条　其他约定：

1．本合同经双方签字盖章后生效。

2．本合同正本一式　　份，甲方执　　份，乙方执　　份。

3．双方可商定补充条款作为本合同的补充。补充条款由双方签字同意，与本合同具有同等效力。

甲方（签章）：	乙方（签章）：
法定代表人：	法定代表人：
经办人：	经办人：
地址：	地址：
邮编：	邮编：
电话：	电话：
电子邮件：	电子邮件：
签订日期：　　年　月　日	签订日期：　　年　月　日

网络广告发布合同

合同编号：

网络广告经营者（甲方）：

广告客户或代理单位（乙方）：

根据《中华人民共和国广告法》、《中华人民共和国合同法》及其他法律、法规的相关规定，甲、乙双方在平等、自愿、公平、诚实信用的基础上，就网络广告发布的有关事宜达成如下协议。

第一条　合同标的：

广告类型		发布位置		发布期限	
发布数量		发布日期		刊例费用	

具体广告类型、位置等详见附件《　　　　　网络广告发布订单》，该订单为本合同不可分割的组成部分。

第二条　合同价款：

乙方应支付广告费人民币（大写）　　　　　　　　　　　　　元整。

第三条　支付方式及期限：

第四条　广告内容：

1．本合同项下发布的广告内容由乙方提供。乙方应在广告开始刊登3日前，将其广告内容提供给甲方，该广告内容文件的规格、大小应严格符合甲方的广告规范要求。

2．乙方委托甲方对其提交的广告内容进行技术处理，使广告适合在　　　　网站发布，且不会对网站产生计算机病毒感染等妨碍。

3．甲方有权审查乙方提供的广告内容，对不符合法律、法规或甲方有理由认为如果发布将带来不利影响的广告，甲方有权要求乙方在收到甲方的书面修改通知书后3日内将广告内容修改完毕；在乙方按照甲方要求进行修改前，甲方有权拒绝发布该广告，对由此导致的广告发布延误，甲方不承担责任。

第五条　广告监测及广告发布监测报告：

除另有约定外，甲方为乙方发布的广告均由双方同意的独立第三方进行发布情况监测。

在收到第三方提供的广告发布监测报告后，如任何一方有异议的，应当在收到广告发布监测报告之日起　　个工作日内以书面形式提出。若未在上述期限内提出书面异议的，则视为认可广告发布监测报告。

第六条　保密条款：

未经对方许可，任何一方不得向第三方（有关监管机构要求和双方的法律、会计、商业及其他顾问、雇员除外）泄露本协议的条款的任何内容以及本协议的签订及履行情况，以及通过签订和履行本协议而获知的对方及对方关联公司的任何信息。

本合同有效期内及终止后　　年内，本保密条款仍具有法律效力。

第七条　违约责任：

1．任何一方迟延履行的，应按每日　　　　　标准向对方支付逾期履行违约金。

2．在广告发布期内，未经双方同意，任何一方不得私自更换广告内容及版式，否则应承担消除不良影响、赔偿对方损失的责任。

3．除另有约定以外，未经对方事先书面同意，一方不得擅自使用、复制对方的商标、标志、商业信息、技术及其他资料，否则应按
标准承担违约责任。

4．为了网站的正常运行，甲方需要定期或不定期地对网站进行停机维护，如因此类情况而造成本协议项下的广告不能按计划进行发布的，甲方有义务将中断时间限制在最短。在影响广告发布的情形结束之后，尽可能按照原计划规定的位置发布原广告，并顺延因上述原因而中断的时间，或与乙方协商确定其他合理的解决方案，否则应赔偿由此给乙方造成的损失。

5. 乙方保证其提供的广告内容以及与乙方网站的链接不违反任何法律、法规并且不构成对第三方任何权利的侵犯，包括但不限于不侵犯第三方的著作权、名誉权、肖像权和/或其他知识产权，亦不会使甲方或广告发布网站的所有者、经营者对任何第三方承担任何责任。若乙方违反此保证导致任何争议，乙方应负责解决，并赔偿由此给甲方造成的损失。

6. 乙方保证为履行本协议而向甲方出示的相关资质文件真实、合法、充分并持续有效。若乙方违反此保证导致任何争议，乙方应负责解决，并赔偿甲方由此所遭受的一切损失。

7. 其他：

第八条　不可抗力：

因发生自然灾害、重大疫情等不可抗力的，经核实可全部或部分免除责任，但应及时通知对方，采取措施使损失降至最低，并在合理期限内提供有效证明。若由于不可抗力导致合同无法继续履行，双方应按广告实际发布天数结算广告发布费用。

第九条 争议解决方式：

本合同项下发生的争议，由双方当事人协商解决，或向有关部门申请调解解决；协商或调解解决不成的，按下列第　　种方式解决。

1.提交　　　　　　　　　　　　　　仲裁委员会仲裁；

2.依法向　　　　　　　　　　　　　人民法院起诉。

第十条 其他约定：

本协议由双方法定代表人或授权代表签字盖章后生效，本合同一式　　份，甲、乙双方各执　　份。合同签订地：

未尽事宜由双方协商签订补充协议作为合同附件，附件与本合同具有同等法律效力。

甲方（签章）：	乙方（签章）：
法定代表人：	法定代表人：
经办人：	经办人：
地址：	地址：
邮编：	邮编：
电话：	电话：
电子邮件：	电子邮件：
开户银行：	开户银行：
银行账号：	银行账号：
签订日期：　　年　月　日	签订日期：　　年　月　日

附件：

网络广告发布订单

甲方：

指定代表：　　　　　　　　电话：　　　　　　　　E-mail：

乙方：

指定代表：　　　　　　　　电话：　　　　　　　　E-mail：

广告类型	发布位置	发布数量	刊例单价	刊例费用	折后费用

广告发布期限依照主合同定为：

年　　月　　日起至　　　　年　　月　　日止。

会展场地租赁合同

合同编号：

展馆方（甲方）：

承租方（乙方）：

根据《中华人民共和国合同法》及其他法律、法规的规定，甲、乙双方在自愿、平等、公平、诚实信用的基础上，就会展场地租赁的有关事宜达成如下协议。

第一条　租赁场地及用途：

乙方租用甲方总面积为　　　　平方米的场地（下称“租赁区域”）。

具体位置：

用途：用于乙方举办　　　　　　　　　　活动。

第二条　租赁期限：

租赁期限为：　　　　年　月　日起至　　　年　月　日止。

其中：会展期限为　　　　年　月　日起至　　　年　月　日止。

第三条　使用时限：

乙方使用租赁区域的时限为每日　　时至　　时。在租赁期限内，乙方应在约定的时限内使用租赁区域；如乙方需在约定时限之外使用租赁区域的，应提前征得甲方同意，并向甲方支付超时使用费。

其他：

第四条　租金支付：

1. 租金的计算按照以下标准计算：

2. 超时租金按照以下标准计算：

场地类型	24点以前	24点以后
馆内	人民币　　　　/馆/小时	人民币　　　　/馆/小时
馆外	人民币　　　　/千平方米/小时	人民币　　　　/千平方米/小时

3. 租金预付：

☐ 定金：甲方在　　　年　　月　　日前向乙方支付定金　　元（最高不得超过总价款20%）。

☐ 预付款：甲方在　　　年　　月　　日前向乙方支付预付款　　　　元。

4. 余款支付：

5. 支付方式：

第五条　甲方提供的基本服务：

1. 在租赁期限内甲方向乙方提供以下基本服务：

（1）租赁区域和公共区域的原建筑照明。

（2）租赁区域内走道和公共区域内的清洁服务。

（3）在入口处提供票证检验。

（4）提供会展期限内的馆内空调服务。

如乙方需在约定时间之外开放空调，应征得甲方同意，并向甲方支付超时使用费。供暖时间按北京市统一规定执行。

（5）负责租赁区域的保险。

（6）其他：

2. 如乙方需甲方提供基本服务之外的其他服务，双方应另行达成补充协议。

第六条　设施的使用：

1. 甲方应在签约前向乙方如实说明与租赁区域有关的场地情况，并向乙方提供场地设施技术数据等书面资料。乙方应向甲方如实说明会展情况，并根据甲方提供的数据资料判断场地是否满足会展需求。

甲方未如实提供场地、设施的有关情况而造成乙方办展活动无法顺利进行的，应赔偿由此给乙方造成的损失；乙方未如实说明展品情况，造成场地设施无法满足展品需要的，乙方自行承担损失，造成甲方场地设施损坏的，应承担赔偿责任。

2．乙方应自费进行展台搭建、安装、拆卸、搬迁及善后等工作。乙方进行上述活动时不应妨碍甲方场地内的其他展览和活动。

3．乙方应遵守国家用电用水的有关规定。除原建筑的照明用电外，其余用电乙方应按实际使用量向甲方支付电费。电费计费标准以　　　　　　　　　　为准。如对水、电的供应有特别要求，乙方应在进场前　　日向甲方提出申请，并承担所产生的全部费用。

4．乙方如需在租赁区域内租用甲方电话、家具等设备的，应提前　　日与甲方办理租用手续。租赁期满时，乙方应将所有租赁物品按原状归还甲方。

5．乙方不得对甲方在租赁区域和公共区域的形象、布局、建筑结构和基础设施进行任何形式的变动和修改。在租赁期限内，乙方如需在租赁区域内的柱子、墙面或廊道上进行装修、设计或张贴，应事先征得甲方书面许可，否则甲方有权予以即时拆除，由此产生的一切费用和责任均由乙方承担。

6．在租赁期限内，双方应共同保持租赁区域和公共区域的清洁和畅通。

7．如无甲方书面特别许可，下列物品禁止进入甲方场馆：

（1）危险物，包括但不限于武器、枪支、刀、剑、弹药、炸药易燃物、放射物或其他危险物品。

（2）未经海关同意的进口物品。

（3）任何影响甲方正常运作或被有关部门禁止的物品。

8．租赁期限开始的第一天，甲、乙双方应对租赁场地和相关设施进行联合检查并就租赁场地的状况签署确认书，并以此作为乙方撤租时接受甲方检验的依据。乙方应对租赁期限内因其举办的会展活动所造成的租赁区域和公共区域设施设备的损害承担赔偿责任。

9．若甲方采用门禁系统管理各种人流出入展馆的，乙方租用甲方展馆即表明乙方同意使用甲方的门禁系统以及和门禁系统相关的各种票证。具体使用方法及费用支付等内容由双方另行约定。

第七条　展台搭建、设备安装和会展物品运输：

1．乙方所有展台搭建和设备安装工作必须符合国家有关安全、消防及环保的规定，并于租赁期限开始　　日之前与甲方保卫部门签订《安全消防责任书》。乙方及其承包商应在正式施工开始　　日之前向甲方提交施工图纸，并报有关部门审查，获书面批准后方可施工。乙方工作人员应持有甲方发放的施工证方可在展厅内进行施工工作。

2．为确保会展活动的安全进行，乙方及其参展公司选择施工单位应征询甲方意见。因施工单位的行为给甲方场地设备设施造成损害的，乙方应承担赔偿责任。

3．乙方保证遵守甲方关于在租赁场地展品运输的有关规定。

第八条　对参观者的管理和紧急事件的处理：

乙方确认签约时已得到甲方《　　　　　　　　　展览场馆使用手册》并同意遵守甲方有关规定，特别是关于参观者的管理以及协助甲方处理紧急情况的规定。乙方确认将向甲方提供在紧急情况下所必要的协助并听从甲方授权人员的指挥。

第九条　保险：

乙方有责任投保场馆租赁期限的公众责任险和工伤事故险等险种。乙方会展活动中，包括布展、展出和撤展期间所发生的意外人身安全、工伤事故，均由乙方投保相关险种。

第十条　甲方权利义务：

1．甲方有权监督乙方在租赁期限内遵守本合同约定及甲方的有关规章制度，并对乙方违反有关约定的行为予以制止。

2．甲方应按约定为乙方提供场地及相关配套设施和经营条件，保障乙方正常的会展活动。

3．除有明确约定外，甲方不得干涉乙方正常的会展活动。

4．甲方应对市场进行物业管理，并负责场内的安全防范和经营设施的建设及维护，包括：建筑物（包括公共区域及租赁场地）的管理及维修保养，对乙方装修的审查和监督，水、电、气、空调、电梯、扶梯等设备、管道、线路、设施及系统的管理、维修及保养，清洁管理，保安管理并负责市场的公共安全，消防管理，内外各种通道、道路、停车场的管理。

第十一条　乙方权利义务：

1. 乙方应按照约定用途使用甲方场地，自觉遵守甲方依法制定的各项规章制度，服从甲方的监督。

2. 乙方应按合同约定及时支付甲方租金。

3. 乙方有责任维护租赁区域和公共区域的整洁。租赁期限届满，乙方应按时把自己及参展商的所有物品（展台、展架、遗弃物以及垃圾）移出租赁区域。有关物品未能按时移出的，甲方将视为遗弃物进行处理。乙方也可以委托甲方对上述物品进行清理，所需费用由乙方承担。

4. 乙方应合理使用场内的各项设施，如需安装设备、摆放展品、设置宣传广告等，应先征得甲方同意，造成损坏的应承担修复或赔偿责任。

5. 乙方举办的为国际展览会的，应根据国家及北京市出入境管理的有关规定，于展览会开幕前　　个工作日内，将　　　　　　　　　　报送甲方，由甲方转报北京出入境检验检疫局。

6. 未经甲方书面许可，乙方不得在租赁区域内进行任何形式的广告或促销活动。展览期间，乙方及其工作人员和参展商不得从事商品销售及其他与会展活动无关的其他活动。

7. 乙方保证自己和自己的客户不会对甲方或甲方场所进行的其他展览会有任何攻击、损害或干扰的不正当竞争行为。

8. 乙方负责对自己财产进行妥善保管，并保证其展品或其他物品，将不占用或堆放在非租赁区域（包括室外场地），否则甲方有权予以处理，所需费用由乙方承担。

9. 未经甲方许可，乙方不得在公共区域搭建展台、宣传广告等设施，否则甲方有权予以拆除，所需费用将由乙方承担。

10. 乙方保证其参展商在会展期间不将展台私自出租、出售；会展活动结束后不将所搭建展台出售。如出现上述情况，甲方将予以取缔并拆除，所需费用将由乙方承担。

11. 乙方应当要求其参展商在会展活动过程中不得出现侵犯知识产权、违规销售等行为。

12. 乙方会展活动筹办过程中的宣传和展出实际内容及标识必须与本合同内所注明的会展活动名称保持一致，否则甲方有权终止本合同，并向乙方追究有关责任。

13. 乙方如为宣传会展活动而需使用甲方名称、商标和标识，应事先取得甲方书面同意，否则乙方应承担由此产生的法律责任。

14. 其他：

第十二条　违约责任：

1. 甲方未按约定提供场地或用水、用电等市场内的经营设施或条件致使乙方不能正常经营的，应减收相应租金，乙方有权要求甲方继续履行合同或解除合同，并要求甲方赔偿相应的损失。

2. 甲方未按约定投保致使乙方相应的损失无法得到赔偿的，甲方应承担赔偿责任。

3. 乙方未按照约定支付租金及其他费用的，应每日向甲方支付迟延金额的　　%作为违约金。

4. 乙方应按照合同约定及甲方规章制度使用甲方场地、进行会展活动，有违反约定或甲方规章制度行为的，乙方应赔偿损失并向甲方支付违约金。

5. 乙方举办的会展活动必须取得国家法律所要求的所有批准文件，否则应自行承担有关责任和后果。如出现以上情况，不影响甲方按约定收取租金的权利。

6. 其他：

第十三条　合同解除：

合同解除条件：

第十四条　争议解决：

本合同项下发生的争议，由双方当事人协商解决，或向有关部门申请调解解决；协商或调解解决不成的，按下列第　　种方式解决。

1. 提交　　　　　　　　　　仲裁委员会仲裁；

2. 依法向　　　　　　　　　人民法院起诉。

第十五条　不可抗力：

因发生自然灾害、重大疫情等不可抗力或突发事件的，经核实可全部或部分免除责任，但应及时通知对方，并在合理期限内提供有效证明。

第十六条　其他约定：

1. 本合同经双方签字盖章后生效。

2. 《　　　　　　展览场馆使用手册》为本合同的一部分，与本合同条款具有同等法律效力。

3. 本合同正本一式三份，甲方执两份，乙方执一份。

4. 本合同用中文和英文书写。两种文本具有同等法律效力。如两种文本有分歧，以中文文本为准。任何修改须以书面形式并由双方签字同意。

5. 未尽事宜，双方可另行以附件形式补充。附件由双方签字确认，与本合同具有同等效力。

6. 其他：

甲方（签章）：	乙方（签章）：
住所：	住所：
法人代表：	法人代表：
经办人：	经办人：
联系方式：	联系方式：
开户银行：	开户银行：
银行账号：	银行账号：
签订日期：　　年　月　日	签订日期：　　年　月　日

合同篇

编　后：

腾飞的文化创意产业

各城区经济争装“创意引擎”。近年来，我国创意产业也有很大发展，尤其是香港、台湾地区，创意文化产业正在以前所未有的速度迅速崛起。北京、上海、深圳、成都等地积极推动创意产业的发展，而政策扶持是各地发展创意产业的有力保障。

创意是人类的高级思维。大力发展创意产业是我国各地区实现经济结构转型的重要措施和方向，更是变“中国制造”为“中国创造”、赶超发达国家经济水平的良机。

人才是创意产业起飞的前提。据有关专家介绍，目前发展我国创意产业最缺乏的就是人才和氛围。其中急需两大类人才：既通晓创意产业内容又擅长经营管理的管理者；灵感迸发、创意迭现的创作者。而“氛围”则在于创立一套激励全民创意的机制及评判标准。统计资料显示，在纽约，文化创意产业人才占所有工作人口总数的12%，伦敦是14%，东京是15%。但就国内创意产业发展而言，北京、上海、南京等地的人才资源优势还是比较明显的。行业的标准化、正规化会促进文化创意产业的成长，使用各类合法、合理的合同更是这个产业发展的必须。因此，我们有理由相信：北京市朝阳区工商局出台的八类合同，将为整个文化创意产业注入强心针，也为它的腾飞插上了翅膀，衷心祝愿文化创意产业飞得更高！

对话篇

李玫玫

1992年至2001年从事时装模特、化妆造型师的工作
2002年考取文化经纪人证书，北京经纪人协会会员
2003年至2005年作为发起人、总策划、主持人，成功举办过三届文化经纪人活动：
2003年主办第一届“北京文化经纪人联谊会”
（八一电影制片厂内）
2004年主办第二届“寰润文化经纪人嘉年华”
（北京红馆）
2005年承办第三届“北京经纪人协会寰润文化经纪人嘉年华”
（北京友谊宾馆聚英厅）
2006年起创办《瞬间》杂志，担任主编，搭建了北京千家文化公司、广告公司、商业公司之间的交流
创建寰润™品牌，现任六家公司董事长：
北京寰润影视文化发展有限公司
北京寰润影视文化发展有限公司朝阳分公司
北京寰润天正科技发展有限公司
北京瞬间广告有限公司
北京中视影润影视化妆技术有限公司
北京军虎迎风影视化妆培训中心

大家好！我是玫玫。

很高兴能在此以记者的身份对下面的人士进行采访。他们是与演艺经纪人打交道最多的人：有著名的军旅导演，有担任过建国50周年庆典的资深活动策划人，有影视歌三栖的演艺圈明星，有在网络上一炮而红的实力派歌手，也有80后一代的新新艺人。在他们眼中，演艺经纪人和这个行业是这样的：

翟俊杰：经纪人，具有全面素养的复合型人才

八一电影制片厂国家一级导演，被大家尊称为“影坛虎将”。

获奖情况及代表作：

荣获中国电影百年“国家有突出贡献电影艺术家”称号。《共和国不会忘记》获得政府奖优秀故事片奖、百花奖最佳故事片奖，《血战台儿庄》获得广电部优秀影片奖、百花奖最佳故事片奖，《大决战》获得金鸡奖最佳故事片奖、政府奖优秀影片奖、百花奖最佳故事片奖，《长征》获得华表奖优秀影片奖、华表奖优秀男主角奖、百花奖最佳故事片奖、中宣部“五个一工程”奖，《惊涛骇浪》获得金鸡奖最佳故事片奖、金鸡奖最佳导演提名奖、华表奖优秀影片一等奖、华表奖优秀导演奖、解放军文艺大奖，《我的法兰西岁月》获得华表奖优秀影片奖、中宣部“五个一工程”奖、长春电影节金鹿奖、最佳新人奖，《我的长征》获得金鸡奖评委会特别奖、金鸡奖最佳男配角奖、中宣部“五个一工程”奖，《心灵的天空》获得中国人口文化奖一等奖。

玫　玫：谈谈您对演艺经纪人行业的理解吧！

翟俊杰：随着中国演艺事业的发展和健全，经纪人制度能够使演艺市场更规范，它的产生能够使这个圈子更加有序，还能团结更多的演艺人才，使演艺人才与公司有更好的沟通。

玫　玫：您觉得演艺经纪人的作用主要有哪些？

翟俊杰：演艺经纪人可以迅速提高制片方与演员的熟悉度。通过经纪人的推荐、介绍，可以让剧组在最短的时间内尽量了解到该演员的基本情况，另外也可以在最大限度上维护演员的合法权益。他们不仅起到了中介的作用，还对演员的包装定位、机会创造、增加社会实践锻炼等方面素质的提高起到了至关重要的作用，促进了演艺事业的有序发展。

玫　玫：您认为演艺经纪人应该具备什么样的素质？

翟俊杰：经纪人和演艺公司都应该取得资质，不是随便拉几个人就可以做，必须执证上岗，而且更不能遍地开花，如果这样，经纪人行业将会陷入另一个误区。每个经纪人及每家经纪公司都要规范，他们的工作内容绝不只是对演员信息的分发，演艺经纪人应具备的素质包含艺术学、经济学、合同法、公关学等，他们应是具有全面素养的复合型人才，这样才会使市场更规范和有序，对演员也更有帮助。

路建康：演艺经纪，一个朝阳产业

著名策划人，北京北奥大型文化体育活动有限公司总经理，高级研究员。1990年以来，参与策划组织了数十项国家级大型活动，并任总策划人。其中第21届世界大学生运动会开幕式大型文艺演出获第一届全国十大演出盛事金奖。世界超大型景观歌剧《阿依达》获第二届全国十大演出盛事金奖，同时作为总制作人个人获得最佳演出制作单项奖。

1999 年10月1日担任中华人民共和国建国50周年庆祝活动指挥部副总指挥，天安门广场背景组字、组图表演总策划，现场执行总指挥，荣立一等功。出任2008年北京奥运会开、闭幕式的制作总监。2006年4月16日，北京奥组委在方案征集评选的基础上，正式成立了奥运会和残奥会开、闭幕式的工作团队，在第一批受聘的工作人员名单中，张艺谋、张继钢、陈维亚、于建平、路建康等国内外知名艺术家、技术制作专家的名字赫然在列。

玫　玫： ***请谈谈您对演艺经纪人的认识！***

路建康： 在计划经济时期，经纪人是个贬义词。随着改革开放、市场经济的发展，在计划经济的弊端所带来的影响越来越小的情况下，经纪人应该恢复原有的地位和位置，经纪人决定了市场的繁荣和发展，他可以把无形资产变成有形资产，这是演艺经纪人的作用。另外，他还是演艺单位与观众的桥梁，也正因如此，演艺经纪人要发挥他们在艺术和影视事业中应有的作用，应该越来越被人接受。制作人是组织者同时参与制作，演艺经纪人是演出和观众的纽带。随着市场经济、股份制和多元方向的发展，经纪人和经纪公司将会成为朝阳产业。

玫　玫： ***在您的经历中，觉得演艺经纪人还起到了什么作用？***

路建康： 1987年，我曾担任北京演出公司、对外演出公司的经理。在当时，演出公司就是经纪公司，其作用体现得相当明显。第一，我们培养了人才，活跃了当时的文化市场。记得，我们做过一个难忘的活动，也就是现在的《同一首歌》的前身，我们把每个演员的成名作拿出来，一个演员唱一首，场场爆满。我们最多的时候，曾连续举办过180场大大小小的演出活动。那几年是北京文化市场最火爆、活跃的三年，但也是时事造就的。那个时候，省、市之间增强了交流和互动，京津沪三地间的走穴尤为明显，整个演艺文化市场也仿佛被注入了兴奋剂。第二，我们开创了国际化的先例。当时，肯德基成立一百周年，我们出国举办活动的时候补助是每天每人30美元，却向外国人收取300美元的费用，只办了两场活动收入就有一万五千美元，那也是当时北京市演出公司第一次走向世界。

牛莉：经纪人，让我们真正体现明星的价值！

2000年，牛莉因出演杨亚洲执导的《空镜子》一炮而红。

影视代表作品：

《空镜子》、《结婚十年》、《非常道》、《危机边缘》、《追梦谷》、《长空铸剑》、《暴风来袭》、《离婚女人》、《爱如风过》、《闯关东》、《幸福陷阱》、《十月怀胎》、《红梅花开》、《雅宝路女人》。

玫　玫：你觉得身边有经纪人和没经纪人有什么区别？

牛　莉：以前大家对经纪人的工作内容和性质都不太理解，我自己也不太明白，那时如果说哪个演员有经纪人，会觉得这个人事儿挺多的，而且以前经纪人制度也不太健全。我觉得，我自己与经纪人合作的时候正好在坎儿上，开始的一年多时间里，有些人还不能接受经纪人，甚至对方会直接要求与我洽谈。但一年多以后，再有什么戏，制片方和剧组就开始接受经纪人了，整个行业也日渐规范了。现在，我惊喜地看到大家都来直接找我的经纪人了。

玫　玫：经纪人都为你做了哪些事？

牛　莉：我觉得，演员想法单一、片面而且主观，更多的时候只会想，自己要拍什么片子，对于整体的考虑不如经纪人和演艺公司全面。他们会依据每位演员的性格、特点，专门为你设计一些东西；他们会帮助演员多栖发展，如出唱片、写书、做公益活动等；如果演员不会规划自己的档期，他们还会为你安排时间；另外，在某些方面，他们也会为演员争取到应得的利益。

玫　玫：哪些是经纪人为你争取的利益？

牛　莉：经纪人会设身处地的为演员策划一些东西，会考虑艺人该向哪个方面发展，也会选择更适合该演员的剧本。记得，曾经有一部戏，让我饰演一个20岁孩子的母亲，那次我的经纪人非常反对我出演此角色，他认为我的年龄和气质、性格，并不适合做这个挑战，于是劝我放弃那部戏。另外，经纪人还会帮我做一些宏观上的规划。

玫　玫：你周围的明星都有经纪人吗？

牛　莉：都有，我们的一些交流和活动都是靠经纪人来联系的。

玫　玫：作为明星，对经纪人有哪些更高的需求？

牛　莉：经纪人应该帮助一线演员巩固名誉和地位，多让演员们参与公益活动，让观众认可明星的价值很重要。演艺经纪人应该让演员们成为艺术家或更高层次的艺人。

雪村：能文能武的演艺经纪人

1994年，雪村进入北京某艺术公司，愤然从事音乐创作及制作工作。歌曲《梅》在1995年3月北京音乐台“中国原创音乐排行榜”上停留6周，因为成绩上蹿下跳而倍受关切。

专辑作品：

《东北人都是活雷锋》、《臭球》、《山东出好汉》、《办公室》、《全是高科技》、《爱情麻雀/阿莲》、《囚歌》、《我开始摇滚》、《爆肚孙》、《抓贼》、《梅，我们是否该有个孩》、《谢谢你，我亲爱的媳妇》、《小李飞刀》、《潘金莲》等。

玫　玫：你对经纪人了解吗？

雪　村：经纪人原来就是“掮客”吧，但是后来变了，不这么叫了。单纯从演艺这块儿来说，八十年代，演出费都是五块钱、十块钱，现在的价格已经相当于原来的百倍、千倍甚至几万倍、百万倍了，一个演员的经济利益变得不重要了，做演员不光能解决养家糊口的问题，而且还能发财致富。随着文化演艺事业逐渐企业化，我认为，经纪人的主要功能在于经济领域——砍价。演艺经纪人需要提高包装艺人的水平，以及与艺人和企宣相互配合的默契度。第一，应注重文化素质；第二，注重社会素质，懂得“规矩”并且能够自律。经纪人应该能文能武，能书生，亦能“江湖”。

玫　玫：你有经纪人吗？

雪　村：曾经有过，但现在是自己做了。因为我本身是策划人，我的身份和别人不太一样，因为演出并不是我的主业。如果有人帮我接到了演出，那么这个人拿个提成就OK了，而经纪人的大部分利益也就是这个，对于我的中间人来说，他们虽然没起到经纪人的作用，但实际拿到了经纪人的利益，所以就这点来说，我的经纪人有没有是一样的。另外，我的包装取决于我自己，因为我不是一个很能融洽别人、与别人合作的人，而且我的产品不仅仅只局限于几首歌，我所涉及的领域很多，从1994年创作的《梅》到《东北人都是活雷锋》都可以看出，我不需要专门有个人去负责我的演艺事业。比如《梅》，它开创了中国管弦乐伴奏的先河，从此以后所有的歌星在专辑中必有管弦乐的东西，这个状态一直维持到2000年以后，而《东北人都是活雷锋》之所以“泛滥”，因为它把真正的流行音乐与高科技连接到了一起，是可以引领潮流的作品，这正是我与别人的不同，更说明经纪人不需要为我做很多的包装。

大张伟：经纪人不仅是在帮艺人赚钱

花儿乐队专辑：《幸福的旁边》、《草莓声明》、《我是你的罗密欧》、《花季王朝》、《花天囍世》、《花龄盛会》。

玫　玫：你希望自己有经纪人吗？

大张伟：当然！有经纪人多好呀！当一个乐队特别走红的时候，如果自己有经纪人，那么大家就可以单方分钱了。比如零点乐队、羽•泉的成员都有自己的经纪人。

玫　玫：初入道时，你觉得经纪人是做什么的？

大张伟：那时候，认为经纪人是帮我挣钱的，是管理我经济活动的，所以我就特别想要个经纪人，可一直没找到。后来签约的百代唱片公司有个经纪部门，这个部门是独立的，公司对我们不错，而且部门几个人的关系也很好，随着与他们日渐熟悉，慢慢了解经纪人这个行业，原来经纪人要做的事情很多，也很琐碎，有的时候甚至比艺人还辛苦，我很佩服他们！

汤镇宗：要处理好与媒体的合作关系

最早到内地发展的香港演员之一 。
主要作品有：《雪山飞狐》、《外来妹》等。

玫　玫：您觉得内地经纪人与香港经纪人在工作内容方面有什么不同？

汤镇宗：我觉得内地经纪人从很多方面是在模仿香港经纪人，主要区别在于包装和宣传方面。比如，如何为艺人制造新闻点，我觉得还是香港比较全方位，毕竟两地的文化氛围不一样，香港的很多新闻不一定是狗仔队跟踪的，而是经纪人主动向媒体爆料的，很多是出于宣传和炒作的目的。内地经纪人在处理与媒体之间的关系时，没有香港经纪人做得好。

玫　玫：您在香港的时候，有没有自己的经纪人和经纪公司？

汤镇宗：现在自己操作，我在内地太长时间了，已经17年了。上世纪90年代初香港经纪人制度比较火热，我根本没有在香港与经纪人和经纪公司签过约。

李欣凌：经纪人要具备良好的文化素质

话剧：《马兰花》、《盗版浮士德》、《爱尔兰咖啡馆》、《和平之翼》。

电视剧：《大宅门Ⅱ》、《结婚十年》、《粉墨王侯》、《磨坊女人》、《阴阳关·阴阳梦》、《直播室的故事》、《情怨两代人》、《秦始皇》。

电影：《都市天堂》、《能人于四》。

电视电影：《翻身》、《数字英雄》、《爱情魔镜》、《刑警的故事》。

玫　玫：你接触经纪人的时候，是他们先来找你，还是你去找的经纪人？

李欣凌：是经纪人找的我。那时，在拍了几部片子后，很多经纪人都主动来找我。刚开始，我觉得没有必要请经纪人，后来是抱着试试看的心态与经纪人接触的。在我心里，优秀的经纪人会帮助自己，是自己的第三只眼，会在我左右督促我，时刻提醒我。

玫　玫：你对经纪人的具体要求是什么？

李欣凌：我觉得，第一，文化素质应该放在第一位，一定要有很好的修养，是个有文化的经纪人。这样的经纪人会比较有远见，他不会只顾眼前。第二，要有亲和力。因为经纪人代表我的形象，我把经纪人当成自己的朋友，我希望他很多方面要高于我，是我的老师，是我的良师益友，要有良好的品德。其实各行各业都是相通的，人品重于能力。第三，是勤奋。我相信只要努力、勤奋，一步一个脚印，踏踏实实去走，慢慢积累的人，一定能够成为优秀的经纪人。

玫　玫：当你在娱乐圈发展到一定高度以后，对经纪人有没有更高的需要？

李欣凌：在事业方面，当我一步步走过来，再回头看的时候，真的会发现自己出现过很多问题，但出现的问题要一点点的解决。经纪人一直伴着自己成长是非常艰难的，而对于一个和你整天相处的经纪人，就更要用心去相处，一定要磨合得特别好。

温兆伦：我们信赖经纪人协会

别名昵称：温兆麟(原名)、表哥、温Sir(昵称)。

影视作品：《牛郎织女》、《魔刀侠情》、《义不容情》、《我本善良》、《火玫瑰》、《今生无悔》、《武尊少林》、《第三类法庭》、《天降奇缘》、《天地情缘》等。

歌曲专辑：《情结》、《风雪前尘》、《恋爱故事》、《我是情痴随缘》、《我们之间两个世界》、《说谎》等。

玫　玫：在您工作中，经纪人会为您做些什么？

温兆伦：我的经纪人会在第一时间帮我审阅剧本，与我探讨更适合我的角色，洽谈演出突发事件的处理，还会规划我的定位及几年内的发展方向、规模。

玫　玫：您是从什么时候开始与经纪人合作的？是刚入行还是后来才逐渐有的呢？

温兆伦：在我刚入行时，还没有真正意义上的经纪人，后来才开始与经纪人合作。

玫　玫：您在香港地区工作多年，后来到内地开展自己的演艺事业，您觉得两地的经纪工作有什么相同之处与不同之处？

温兆伦：两地从事经纪工作的人员都非常敬业，他们的执行力相当高，工作也都完成得非常出色。大概是文化差异以及两地娱乐业发展程度的不同，两地经纪工作在某些属性及操作细节上面有一些不同，但总体相差不多。

玫　玫：香港的经纪工作有哪些是可以让内地经纪人借鉴的？

温兆伦：专业和规范化吧。香港的经纪行业发展很多年了，各方面都比内地经纪行业更为专业化和规范化一些，因为有着长期的实际经验，所以经纪人对市场的预测和艺人的包装等方面都已经相对成熟。而内地经纪行业是在这几年才真正意义上发展起来，还需要更多的经验。不过我觉得现在内地经纪行业的发展进步很快，像我的经纪公司，我们合作起来非常愉快。

玫　玫：在内地，经纪人行业已逐步规范，2003年北京经纪人协会也成立了，借此您对内地的经纪行业有什么建议？

温兆伦：北京经纪人协会的成立绝对是一件好事，就像在香港我们有演艺协会一样，这是对艺术从业人员的一种保护也是一种约束，我相信北京经纪人协会不但能保障内地经纪人的权利，还能使内地的经纪行业更加规范化和制度化，这对我们的演艺工作来说也能起到一个很好的推动作用。

郑佩佩：互相配合最重要

籍贯：中国香港。1964年，主演文艺片《情人石》一举成名，因此获得国际独立制片人协会“金武士奖”，在1969年被报界选为“武侠影后”。主要影视作品：《卧虎藏龙》、《运财五福星》、《唐伯虎点秋香》、《天下第一》、《金燕子》、《香江花月夜》、《大醉侠》、《宝莲灯》等。

玫　玫：您的演艺事业大都是在港台进行的，您能谈谈您了解的港台经纪人的工作内容是什么吗？

郑佩佩：其实港台经纪人的工作和大陆差不多，会协助艺人根据他的性格特征和专长来进行定位及规划演艺事业的发展方向；会帮艺人安排、接洽工作；帮助艺人同媒体及各合作方进行交流。在有突发事件的时候，经纪人能与艺人共同去应对，帮助他们解决问题。

玫　玫：您是在一加人演艺事业就有自己的经纪公司或经纪人吗？

郑佩佩：我们刚入行时，就是签电影公司，那时候并没有什么经纪人的概念，电影公司分配给我们角色，我们就只管认真演好就行了。

玫　玫：您觉得经纪人应该具备哪些方面的素养？最重要的品质是什么？

郑佩佩：我觉得经纪人要有敏锐的判断力，有很好的人际交往沟通能力，待人诚恳、正直。有时，经纪人在和制片方以及各公司进行接洽的时候，也代表着我们艺人的形象。在遇到突发情况、危机事件的时候，经纪人能有很好的应变能力。另外，因为经纪人的工作也是非常辛苦的，所以经纪人肯定要很热爱自己的工作，充满热情。当然，身体也要棒棒的！

玫　玫：来到大陆签约新的经纪公司，您感觉和以前港台地区的经纪方式有哪些区别？

郑佩佩：我觉得区别不太大， 经纪方式基本上都是那些通路，但只不过这个行业的氛围是因地制宜的。毕竟港台与大陆在地域及文化上还有一定的差异，所以一个经纪公司必须找到更适合当时环境的生存方式。

玫　玫：作为明星，您对自己的经纪人有哪些特殊的工作要求？

郑佩佩：其实演员和经纪人是处于一种平等的地位，大家应该既是工作伙伴又是好朋友，及时的沟通、互相配合是最重要的。像我和我的经纪人现在在工作上的想法、理念都很相符，大家都是为了一个共同的目标去努力。

伟华：我身边的国内外经纪人

国籍：罗马尼亚。毕业于罗马尼亚国立音乐学院，接受过正统的乐理和表演训练，出版过多张个人专辑。2001年来华发展，并参加了多部影视作品的摄制，形象阳光俊朗，富有青春气息。擅长大气抒情的曲风，可以用标准的中文演唱一百多首中国歌曲，对一些经典流行歌曲的演绎驾轻就熟，声音极富特质，唱功纯熟自如。

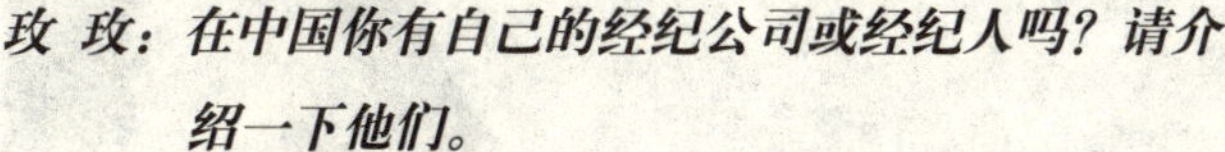

玫 玫：在中国你有自己的经纪公司或经纪人吗？请介绍一下他们。

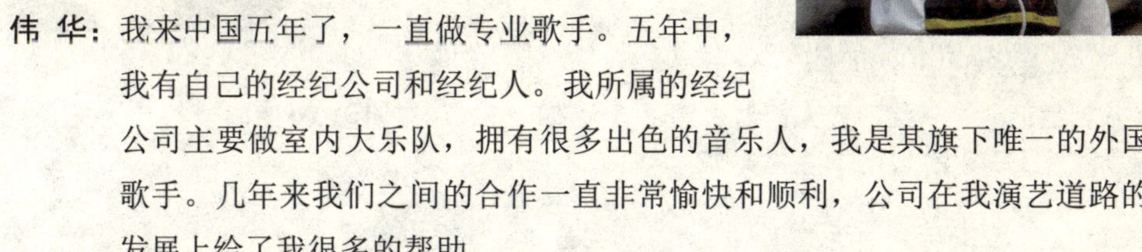

伟 华：我来中国五年了，一直做专业歌手。五年中，我有自己的经纪公司和经纪人。我所属的经纪公司主要做室内大乐队，拥有很多出色的音乐人，我是其旗下唯一的外国歌手。几年来我们之间的合作一直非常愉快和顺利，公司在我演艺道路的发展上给了我很多的帮助。

玫 玫：你觉得你的经纪人有什么优势？他在哪一方面对你的帮助最大？

伟 华：我目前的经纪人兼助理是王若佳先生，他在这个行业做事时间并不长，很多事情都在慢慢学习，但是他拥有公关行业和新闻行业的背景，在传媒和协调沟通方面有比较出色的能力，为人很诚恳，帮我解决了不少的问题。

玫 玫：在罗马尼亚，你也是从事文化娱乐方面的工作，你觉得中国和外国相比，哪个地方的经纪人更人性化一些？

伟 华：其实我觉得在人性化方面，这个问题不能简单的回答。外国的经纪人可能做得相对专业一些，他们很多人都受过专业的培训，和艺人之间是工作伙伴的关系，可以把事情处理得很周到，这是他们一种职业的表现。在中国，我觉得经纪人更像你的一个朋友，也许只是表面上的，但他们似乎更乐意在工作之外的方面给你更多的帮助。

玫 玫：给我们中国的经纪人提些好的意见或建议吧。

伟 华：我觉得，现在的中国经纪人已经做得很专业了，但是可能还缺少一个整体上的规划，就是说形成一个统一的行业模式，更多的时候每个人都是在做自己的事。如果大家之间多一些交流，可以促进整个行业内部的沟通和融合，对这个行业将来的发展是有益的。

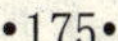

陈敏正：经纪人应该居安思危

山东电影电视剧制作中心一级美术设计，局级拔尖人才。在从事舞台及影视化妆造型专业的28年里，共参与1000多集电视剧、多部电影及舞台剧的造型设计，并获得了：

1990年第五届中国电视“星光奖”化妆奖；

1998年中国电影电视技术学会“化妆金像奖”；

2000年中国电影电视技术学会“化妆金像奖”；

2002年被中国电影电视化妆委员会授予十大“当代优秀化妆师”荣誉称号；

2004年中国电影电视技术学会“化妆金像奖”；

2006年“金鹰奖”最佳美术奖。

主要代表作品：《武松》等水浒系列、《白眉大侠》、《火烧阿房宫》、《孙子兵法与三十六计》、《成吉思汗》、《秦始皇》、《钱王》、《尘埃落定》、《大染坊》、《开创盛世》、《红顶商人胡雪岩》、《大清风云》、《阴阳关·阴阳梦》、《天下一碗》、《日月凌空》、《闯关东》等。

玫　玫：您一直是为大型影视剧组或明星艺人化妆造型，他们都有经纪人吗？

陈敏正：我所合作过的演员里，一般主要演员或者明星演员都有经纪人，比例应该在95%左右。

玫　玫：您觉得优秀而专业的演艺经纪人应该具备哪些条件？

陈敏正：优秀的演艺经纪人不仅能为艺人洽谈档期、每日工作时间、片酬、拍摄期间的待遇等具体事项，更重要的是为艺人在人物塑造、制作环境的选择方面把关，使他们能全方位的提升。

玫　玫：由于您经常给明星艺人设计造型，会接触他们的经纪人，此时您最看重他们哪些方面的素养？还有哪些方面有待提升？

陈敏正：不要因为演员“大小”来决定与制片方或工作人员的态度，要保持始终如一的素养，要学会居安思危。现阶段有些经纪人还只是停留在做演员的高级助理，他们急需在个人专业素养、日常礼仪等方面提升。

邓涛：深度了解演员的经纪人

资深制片人。代表作：《秦始皇》、《尘埃落定》、《直播室的故事》、《红顶商人胡雪岩》、《雄关遗梦》、《大祠堂》等。

玫　玫：*公司目前有多少位演艺经纪人？他们的主要工作是什么？*

邓　涛：天禾影视公司的经纪部是由经纪人、演员和宣传策划相互配合组成的一个团队。他们的主要工作是：管理、经纪、宣传、推广并服务于本公司的签约演员。

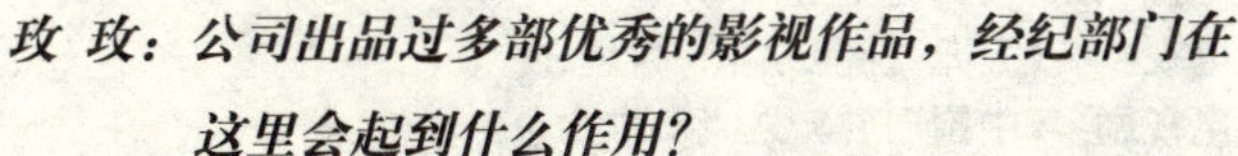

玫　玫：*公司出品过多部优秀的影视作品，经纪部门在这里会起到什么作用？*

邓　涛：天禾影视公司的剧目制作是和经纪部的演员配合、协调共同发展的。经纪部的三十多名签约演员是不同类型、不同特质、不同风格的老、中、青三代，是具有塑造各种角色功底的专业演员。我们在选择演员签约的时候，不仅仅关注他们是否能成为明星，更关注他们是否能真正长久地干上演员这份职业。这可能是我们与其他经纪公司不同的一点。对于演员来说“机会”很重要，但机会一定是留给有准备的人。演艺圈一夜成名的例子太多，这使一批年轻演员浮躁不安，现在艺术院校毕业的演员都已不包分配工作，这种情况下经纪公司就更加重要了。

玫　玫：*您以前做过演员，现在又经常和演员打交道，您觉得一名演员必须要有自己的经纪人吗？有什么区别吗？*

邓　涛：我做演员已经是十几年前的事了，算是体验过做演员的心态吧。说起来我比很多制片人、经纪人更加理解演员。演员是否必须要有经纪人的帮助才能完成演艺事业，不是绝对的。当然近年来，大批量的演员从各种艺术院校走出来，同时各选秀节目涌现出一批批具有不同才艺的艺人，演员群体越来越壮大的同时，也能看出大部分的演员仍处于被动。一个敬职、专业、有经验的经纪人，对演员发展会起到一定作用的。从演员定位推广，努力为演员寻找演出机会，配合演员把握机会，到有计划地安排演员一系列的事务性工作，使演员能专心地去塑造角色，完成演出任务等，经纪人都起着至关重要的作用。经纪人可以客观、理性地给他们提出各种建议或给予他们鼓励。经纪人应当比演员本人更加了解自己的演员，在公司良好的平台上，经纪人和演员工作配合默契可以使演员的演艺之路越走越好！

合作的艺人简介

以下按姓氏笔画排列：

马浴柯、王东方、王冠、王斑、孙大川、汤镇宗、何晴、李彧、杨欣、苏可、张蓓蓓、陈小艺、杜淳、周知、郑爽、盖丽丽、曹颖、樊志起

马浴柯

生日：8月19日　身高：175cm　体重：57kg

出生地：甘肃

特长：音乐、作词、作曲、英语、演唱、武术、散打

影视剧作品：

电视剧　《乱世英雄吕不韦》主演　赵高

电视剧　《大脚马皇后》饰演　于一

电视剧　《天龙八部》主演　游坦之

电视剧　《中国刑警》之《英雄本色》主演　曾子

电视剧　《汗血宝马》主演　豆壳

电视剧　《将装修进行到底》主演　Techie

王东方

生日：7月20日　身高：179cm　体重：99kg

出生地：吉林　毕业院校：北京电影学院

特长：游泳、篮球、武术、驾驶

部分影视作品：

电影：《女帅男兵》饰　胖胖、《陌路情恋》饰　胖哥、《一见钟情》饰　东方

电视剧：《似水年华》饰　东东、《一脚定江山》饰　肥施、《至尊红颜》饰　元宝、《健身房》饰　刘长顺、《桂林之恋》饰　毛毛

王冠

生日：8月21日　身高：164cm　体重：49kg

出生地：湖北　毕业院校：北京电影学院

特长：京剧、民歌、通俗、主持

影视作品：

电视剧《金粉世家》饰演　阿囡

电视剧《疼痛》主演　小菲

电视剧《热带风暴》主演　李红梅

电视剧《乱世子民》主演　小红

电视剧《交警五个半》主演　萧珊

电视剧《西圣地》饰演　戴小虹

王斑

生日：7月7日　身高：183cm　体重：74kg

毕业院校：中央戏剧学院

特长：唱歌、绘画、游泳、篮球、拳击、吉他

影视作品：

电视剧：《归途如虹》主演 时涛、《导弹旅长》饰演 杜长河、《人间四月天》饰演 张君劢、《谁是你最爱的人》主演 章俊、《人虫》之《戏虫》饰演 张贺、《豪门惊梦》饰演 乔夕

电影：《有人偏偏爱上我》主演 低音

话剧：《日出》饰演 胡四、《雷雨》饰演 周萍

孙大川

生日：6月26日　身高：180cm　体重：68kg

出生地：辽宁

毕业院校：中央戏剧学院

特长：舞蹈、声乐、篮球

影视作品：

话剧：《雷雨》饰演 鲁大海，《足球俱乐部》饰演 丹尼，《天下第一楼》饰演 唐茂盛，《魂断楼兰》主演 江河、叶萧

电视剧：《关中女人》主演 金兴龙、《离开军营的日子》饰演 王勇敢

汤镇宗

英文名：tong chun chung

生日：10月30日　身高：180cm　体重：78kg

出生地：香港

影视作品：

《天龙八部》、《商界黑客》

《东方母亲》、《外来妹》

《雪山飞狐》、《千丝万缕》

《广州教夫》、《封神榜》

《火蝴蝶》

何晴

生日：1月13日　身高：164cm　体重：55kg
出生地：浙江省　毕业院校：浙江昆剧团　特长：唱歌
部分影视作品：
电影《上海舞女》主演 白黛林
电影《女子别动队》主演 凌曼云
电视剧《青青河边草》主演 华又琳
电视剧《天之娇女》主演 朱天凤
电视剧《李师师》主演 李师师
电视剧《家风》主演 白海燕
电视剧《孩子你在哪里》主演 肖兰兰

李彧

生日：3月16日　身高：168cm　体重：55kg
出生地：山东　毕业院校：中央戏剧学院　特长：骑马
部分影视作品：
电视剧《宰相刘罗锅》饰演 刘安
电视剧《贻笑大方》饰演 马小顺
电视剧《射雕英雄传》饰演 裘千仞、裘千丈
电视剧《天龙八部》饰演 南海鳄神
电视剧《情定爱琴海》饰演 小三子
电视剧《天桥十三郎》饰演 欧阳春

杨欣

生日：9月18日　身高：165cm　体重：49kg
出生地：烟台　毕业院校：山东艺术学院　特长：唱歌
影视作品：
电视剧：《情爱宝典》饰演 红喜（二单元）、香莲（三单元），《小李飞刀》续集《飞刀问情》饰演 苏小红、苏小花，《五月槐花香》饰演 Miss马，《范府大院》饰演 水仙，《侠客行》饰演 欢欢乐乐，《电视门诊》饰演 黄常青，《台上人家》饰演 田菲，《狼侠》主演 冷妃雪
电影：《大腕》饰演 皇妃，《手机》饰演 吕桂花、牛彩云

苏可

生日：12月20日　身高：180cm　体重：65kg

出生地：北京　毕业院校：中央戏剧学院

特长：戏剧影视表演、演唱、吉他、词曲创作

部分影视作品：

电影《红楼梦》饰演 书彩明

电视电影《玫瑰黑客》饰演 迟小群

电视剧《三国演义》饰演 汉献帝

电视剧《霍元甲》饰演 郑野风

电视剧《最后诊断》饰演 沈知鱼

张蓓蓓

生日：9月2日　身高：166cm　体重：55kg

毕业院校：中央戏剧学院　特长：钢琴、驾驶、舞蹈、唱歌

部分影视作品：

电影：《都市女警官》饰演 温婷

电视剧：《功勋》饰演 坂垣惠子、《大河颂》饰演 贤德皇后、《甜蜜的烦恼》饰演 萧沫沫、《少年宝亲王》饰演 富察氏、《剑出江南》饰演 哈青莲、《金剑雕翎》饰演 百里冰、《我的未来属于你》饰演 吴小含、《家变》饰演 柳放、《法官老张轶事》饰演 孙玉儿

陈小艺

生日：2月8日　身高：165cm　体重：50kg

出生地：四川　特长：川剧

部分影视作品：

电影：《离婚》、《新梁山伯与祝英台》、《看车人的七月》

电视剧：《外来妹》、《半路夫妻》、《军歌嘹亮》、《紧急追捕》、《母亲》、《大姐》、《女人心事》等

话剧：《哈姆雷特》、《海鸥》、《虎符》等

所获部分奖项：《军歌嘹亮》、《大姐》获得“金鹰奖”提名，电影《看车人的七月》获得“金鸡奖”提名

杜淳

生日：5月22日　身高：178cm　体重：65kg

出生地：河北　毕业院校：北京电影学院

特长：舞蹈、唱歌

影视作品：

电视剧《汉武大帝》饰 少年汉武帝

电视剧《少女总裁》饰 江南雨

电视剧《大汉天子Ⅱ》饰 李勇

电视剧《大清御史》饰 小多

电视剧《换子成龙》饰 林钧山

周知

生日：6月30日　身高：170cm　体重：50kg

出生地：沈阳　毕业院校：中央戏剧学院

特长：舞蹈、唱歌、表演、弹琴

影视作品：

电影《心急吃不了热豆腐》饰 李兰兰

广告作品：

“大宝营养洗发露”、“新安酒”、“中脉远红外线”、“文王酒”、“北汽集团”、“靓而娜”减肥产品

郑爽

生日：11月18日　身高：168cm　体重：52kg

出生地：沈阳　毕业院校：沈阳京剧班

特长：戏曲、舞蹈、唱歌、武打

影视作品：

电视剧：《大汉英雄》饰 花大娘、《大旗英雄传》饰 阴仪、《危情风暴》饰 夏楠、《成吉思汗》饰 也遂妃、《武则天》饰 王皇后、《隋唐演义》饰 尉迟贞、《水浒传》饰 扈三娘、《京都纪事》饰 林媛

电影：《江湖妹子》饰 江湖妹子、《六指琴魔》饰 赫青花

盖丽丽

生日：10月4日　身高：164cm　体重：50kg

出生地：青岛　毕业院校：上海戏剧学院　特长：舞蹈

部分影视作品：

《断喉剑》、《爱你没商量》、《太平天国》、《车间主任》、《家和万事兴》、《双凤奇案》、《梦断紫禁城》、《风吹雪花飘》、《关东金王》、《青天衙门2》等

所获部分奖项：

电视剧《大酒店》获得第七届中国电视金鹰奖最佳电视剧奖、《断喉剑》获得电影“百花奖”最佳女主角提名奖、电视剧《围城》获得全国电视剧“飞天奖”最佳电视剧奖

曹颖

生日：5月14日　身高：168cm　体重：50kg

出生地：北京　特长：舞蹈

部分影视作品：

电视剧：《大雪无痕》主演　丁洁，《铁将军阿贵》主演　红绸，《群英会》主演　宁馨，《凤在江湖》主演　青蛾、青蜓，《乌龙闯情关》主演　霍水仙，《律政佳人》主演　钱小美

电影：《刀剑笑》、《醉拳2》、《五颗子弹》

所获部分奖项：

中国电视金鹰奖最佳女演员奖

樊志起

生日：9月7日　身高：180cm　体重：82kg

出生地：北京

特长：骑马、驾驶、音乐、戏剧

影视作品：

电视剧：《不惑之年》饰　陈树生、《长江刑警》饰　吴浩天、《目击证人》饰　纪伟、《龙票》饰　黄玉昆、《白门柳》饰　史可法、《台湾首任巡抚刘铭传》饰　刘璈、《昌晋源票号》饰　徐源黄（获得“飞天奖”男主角提名）、《满江红》饰　岳飞（获得“飞天奖”男主角提名）

我的工作

My work